Nosotros y Nuestro Mundo

SPANISH FOR SPANISH SPEAKERS 1

TEACHER'S ANNOTATED EDITION

Conrad J. Schmitt

Protase E. Woodford

GLENCOE

McGraw-Hill

New York, New York   Columbus, Ohio   Mission Hills, California   Peoria, Illinois

ABOUT THE AUTHOR

Conrad J. Schmitt

Conrad J. Schmitt received his B.A. degree magna cum laude from Montclair State College, Upper Montclair, NJ. He received his M.A. from Middlebury College, Middlebury, VT. He did additional graduate work at Seton Hall University and New York University.

Mr. Schmitt has taught Spanish and French at the elementary, junior, and senior high school levels. He was Coordinator of Foreign Languages for Hackensack, New Jersey, Public Schools. He also taught Spanish at Upsala College, East Orange, NJ; Spanish at Montclair State College; and Methods of Teaching a Foreign Language at the Graduate School of Education, Rutgers University, New Brunswick, NJ. He was editor-in-chief of Foreign Languages and Bilingual Education for McGraw-Hill Book Company and Director of English language Materials for McGraw-Hill International Book Company.

Mr. Schmitt has authored or co-authored more than eighty books, all published by Glencoe/McGraw-Hill, or by McGraw-Hill. He has addressed teacher groups and given workshops in all states of the U.S. and has lectured and presented seminars throughout the Far East, Europe, Latin America, and Canada. In addition, Mr. Schmitt has travelled extensively throughout Spain, Central and South America, and the Caribbean.

Glencoe/McGraw-Hill

A Division of The McGraw·Hill Companies

Send all inquiries to:
Glencoe/McGraw-Hill
15319 Chatsworth Street
P.O. Box 9609
Mission Hills, California 91346–9609

ISBN 0–02–641033–8
Printed in the United States of America.

3 4 5 6 7 8 9 RRW 01 00 99 98 97

CONTENTS

INTRODUCTION

Nosotros y nuestro mundo has been designed for the teaching of Spanish at the secondary school level to native speakers of Spanish residing in the United States. Each of the sixteen chapters takes into account the diversified background of these students—many of whom have a very strong command of the Spanish language and others who have a somewhat limited knowledge of the Spanish language. This textbook also attempts to take into account the specific problems facing the teacher of classes with native Spanish speakers. In some cases, the native-speaking students are placed in separate courses and in other cases, they are in classes with English-speaking students learning Spanish as a foreign language. For these reasons, *Nosotros y nuestro mundo* can be used as a basal text in courses for native speakers, or it can be used as an adjunct to **Glencoe Spanish Bienvenidos** in classes that have native speakers of both Spanish and English. In the latter case, it is presumed that teachers will have less time with their students and a fair amount of the material will need to be acquired by students through independent study or cooperative group work.

ORGANIZATION

Each of the sixteen chapters is divided into six parts:

▶ NUESTRO CONOCIMIENTO ACADÉMICO
▶ NUESTRO IDIOMA
▶ NUESTRA CULTURA
▶ NUESTRA LITERATURA
▶ NUESTRA CREATIVIDAD
▶ NUESTRAS DIVERSIONES

NUESTRO CONOCIMIENTO ACADÉMICO

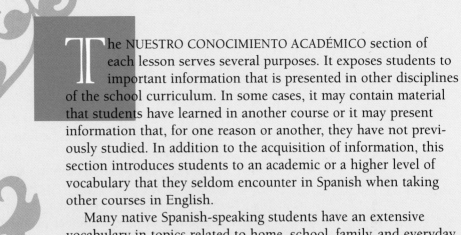

The NUESTRO CONOCIMIENTO ACADÉMICO section of each lesson serves several purposes. It exposes students to important information that is presented in other disciplines of the school curriculum. In some cases, it may contain material that students have learned in another course or it may present information that, for one reason or another, they have not previously studied. In addition to the acquisition of information, this section introduces students to an academic or a higher level of vocabulary that they seldom encounter in Spanish when taking other courses in English.

Many native Spanish-speaking students have an extensive vocabulary in topics related to home, school, family, and everyday activities. However, many of these same students possess a limited vocabulary in topics such as geography, economics, finance, medicine, literature, art, music, etc. This is particularly true for students who have lived in the United States for many years and who have been educated in English. It is also true for students who are recent arrivals to the United States and have received little formal education in their native country.

The topics covered in the NUESTRO CONOCIMIENTO ACADÉMICO section are:

▶ La geografía: mapas y globos, paralelos y meridianos
▶ La sociología y la antropología
▶ La literatura: prosa y verso
▶ La literatura: narrativa en prosa
▶ Finanzas
▶ Seguros
▶ Impuestos
▶ La geografía física
▶ El clima y el tiempo
▶ Medicina y médicos
▶ La música
▶ Las artes plásticas
▶ El marketing
▶ El gobierno y la política
▶ La salud
▶ La ecología y el medio ambiente

To introduce each topic of the NUESTRO CONOCIMIENTO ACADÉMICO section, it is suggested that you have a brainstorming session to determine how much students know about the topic and the level of their vocabulary related to the topic. Let's take Chapter 1 as an example. You may give the students the word *la geografía* and ask: *¿Qué es la geografía?* Hold up a map and ask: *¿Qué es?* Do the same with a globe. Show lines on the map and globe and ask: *¿Qué son?* This will determine if students know *longitud, latitud, paralelos, meridianos,* etc. We want to determine which of the following procedures to follow:

1. Do the brainstorming activities for a short period of time with the native speakers while you have the English speakers do some independent work at their desks, or have them work on one or more of the Cooperative Learning Activities that appear in *Bienvenidos.*
2. Have the native speakers work in one or more cooperative groups (depending upon the number of students you have in the class). Have the student or students who exhibit the strongest language background in Spanish serve as the moderator(s). Have them write down a few items that the students appeared to know and not know.
3. Give the native speakers a list of the following terms: *el globo, el ecuador, el meridiano, el hemisferio.* Have them quickly write a brief definition or draw something that indicates what each item is.

Once you have determined the knowledge of the group relative to the specific topic, you may wish to follow any or all of the following procedures:

1. Have students read the selection silently in class or at home.
2. Call on individuals to read the selection aloud in class.
3. Ask comprehension questions, particularly those that focus on the meaning of words.
4. Call on a student or students to retell in their own words all that they know or recall about the particular topic.
5. Have students go over all the activities that accompany the reading selection. To give variety to class activities, you can have students do them in different ways from chapter to chapter or from one chapter part to another.
6. Have students work on the activity independently. This can be done as an in-class or an out-of-class activity.

7. Have students work in groups, go over the activities together, and compile the information collectively.
8. Have students give their responses orally or in writing depending upon the nature of the activity.

Upon completion of the NUESTRO CONOCIMIENTO ACADÉMICO section, you may have students both write a composition and give a brief oral report on the topic. This will help them with the culminating activities in the NUESTRA CREATIVIDAD section near the end of each chapter.

NUESTRO IDIOMA

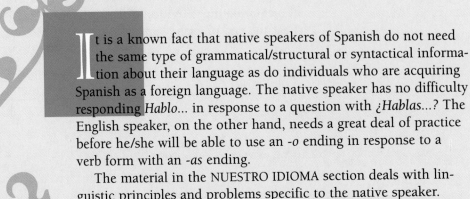

It is a known fact that native speakers of Spanish do not need the same type of grammatical/structural or syntactical information about their language as do individuals who are acquiring Spanish as a foreign language. The native speaker has no difficulty responding *Hablo...* in response to a question with *¿Hablas...?* The English speaker, on the other hand, needs a great deal of practice before he/she will be able to use an *-o* ending in response to a verb form with an *-as* ending.

The material in the NUESTRO IDIOMA section deals with linguistic principles and problems specific to the native speaker. NUESTRO IDIOMA deals with all of the following areas: grammar/structure, spelling, pronunciation, morphology, etc.

In this section we have taken into account the regional differences in the Spanish spoken by the many native-speaking groups in the U.S. Particular attention has been paid to the Spanish spoken by Mexicans, Mexican-Americans, and by those groups from the Caribbean basin. The Spanish of other areas is also discussed.

Much attention is given to linguistic problems that arise from living in a bilingual environment—the superimposition of English, for example. In the chapters that deal with these specific problems, we have been extremely careful to differentiate between *regionalismos* and *vulgarismos* while taking into account that one of the most fascinating aspects of language is its mutability and while many changes are completely acceptable, others are less so.

The topics covered in the NUESTRO IDIOMA section are:

- ▶ Sustantivos y artículos
- ▶ Adjetivos y sustantivos; Sinónimos y antónimos
- ▶ *Tú* y *Ud.*; Letras mayúsculas
- ▶ *Vosotros* y el voseo; Ortografía: *b, v*
- ▶ El verbo: morfema lexical y gramatical; El sustantivo: *el agua, las aguas; el capital, la capital*
- ▶ La puntuación: el punto, la coma, los signos de admiración y de interrogación
- ▶ Oraciones; Ortografía: *c, z, s*
- ▶ Más signos de puntuación: dos puntos, punto y coma, puntos suspensivos, comillas, raya
- ▶ Sílabas; El acento
- ▶ El acento; Ortografía: *g, j*

- Diptongos; Monosílabos; Pronunciación: *r* y la *rr*
- El pretérito: morfema lexical y gramatical; El complemento *les*; Ortografía: *h, ll, y*
- Metáforas y símiles
- Regionalismos; La pronunciación: el seseo, la *s* aspirada; Variaciones semánticas
- Vulgarismos e influencias del inglés
- Palabras homófonas: Ortografía: influencias extranjeras

TEACHING/INSTRUCTIONAL SUGGESTIONS AND PROCEDURES

It is suggested that you have all students do this section of each chapter since it contains information that they should know about their own language. The linguistic explanation given has been written in Spanish that can be easily understood by the non-specialist. For this reason, students should be able to understand the material with little difficulty from just reading the text.

As you go over this material in class, it is recommended that you ask students to give additional examples of what is being studied. For example, have them supply additional synonyms, antonyms, words that contain diphthongs or words spelled with *c, z, s, b, v, ll, y,* etc. As students supply additional examples, you will be able to assess their overall knowledge of the language.

It is also suggested that, whenever possible, you write examples on the board or on an overhead transparency. For example, write words on the board and put an arrow over the stressed syllable when teaching where the accent or stress falls. Write words with *b* and *v* on the board, underlining the syllable that contains the problem sound.

When going over Chapters 14-16, it is recommended that you add any additional *regionalismos* or *vulgarismos* that are characteristic of the native country of your particular students. In these language sections it is important that students become aware that Spanish has a wide range and there are variations in pronunciation, word usage, etc. Some of these variations are completely acceptable and others, although acceptable within one's own intimate group, are best avoided in general usage. The important objective is that students be aware of and be able to recognize the most acceptable form of a word.

As previously mentioned, it is suggested that you assign all of the activities in the NUESTRO IDIOMA section to all students. In most cases these activities can be done independently. You can then have students work in cooperative groups and make up more activities of their own. After students have completed the activities, you can go over them orally in class or collect the students' papers.

NUESTRA CULTURA

The NUESTRA CULTURA section is an extremely important part of each chapter. It serves to introduce students to the tremendous cultural wealth of the Spanish-speaking world both within and outside of the United States.

In this section the word *hispano(a)* is used frequently. Although the word *hispano(a)* can have political overtones and some prefer the use of the word *latino(a),* we use *hispano(a)* to refer to anyone whose mother tongue is Spanish. In addition, the many native speakers of Spanish have their own cultural identity: Mexican-American, Mexican, Puerto Rican, Cuban, Nicaraguan, Spanish, etc.

The topics presented in the NUESTRA CULTURA section are:

▶ Simón Bolívar: Un gran héroe latinoamericano
▶ Grupos étnicos del mundo hispano
▶ Universidades del mundo hispano
▶ Días laborables y días festivos
▶ Costumbres que cambian
▶ La familia
▶ Biografía de un atleta puertorriqueño
▶ La geografía de Latinoamérica
▶ El clima en Latinoamérica
▶ Biografía de un médico cubano
▶ La vida latinoamericana
▶ El arte en el mundo hispano
▶ Biografía de un diseñador dominicano
▶ Poblaciones indígenas de Latinoamérica
▶ Alimentos
▶ Una leyenda mexicano-americana

TEACHING/INSTRUCTIONAL SUGGESTIONS AND PROCEDURES

You may decide how thoroughly you want to present each of these reading selections based on the interest and needs of your students. Some possible suggestions you may wish to follow are:

1. Give students an oral review of the information in the form of a brief lecture. You can draw from any information you know

about the topic or you can give a synopsis of the material in the reading selection.

2. Ask some oral questions about the information you just gave the students.

3. Ask students if they can add further information about the topic.

4. Have students read the selection on their own. If your students have a strong knowledge of Spanish and good reading ability, a silent reading outside the class may suffice. If, however, your students are not good readers, you may wish to call on students to read aloud. As they do, you may wish to intersperse comprehension questions with the oral reading. Depending upon the abilities of your students, a possible questioning format may be:

   a. *yes/no* questions

   b. *either/or* questions

   c. questions with *qué, quién,* etc.

   d. questions with *cómo, por qué*

5. You may wish to have students look at the activities that follow the reading before they actually read the selection. This guides them into what to look for as they read.

6. It is suggested that you go over the activities in class after students have prepared them.

7. You may wish to call on a student or students to present to the class an oral review of the material in the reading selection.

8. Students can write a composition about the topic of the reading selection.

If you are teaching native Spanish speakers together with English speakers learning Spanish as a foreign language in the same class, it will be impossible for you to devote the necessary amount of time with the students to do all of the activities suggested. Instead, you may wish to do the following:

1. Give students a brief oral review as the other students are doing a cooperative activity in **Bienvenidos**.

2. Have students read the selection silently. Give them approximately five questions that will make them focus on the most important aspects of the reading. They can read the questions first so they know what to look for.

3. Ask one of the most able native speakers to help the students with any questions.

4. Assign the activities that accompany the reading to be written at home.

5. Have students go over the activities in small groups. Monitor whenever and as often as possible.

NUESTRA LITERATURA

The NUESTRA LITERATURA section of each lesson introduces students to the literature of the entire Spanish-speaking world. Most selections are by famous authors throughout the ages as well as by contemporary writers. (The works of some less-known writers are also represented if we felt the topic would be of particular interest to your students.) In this section, there are examples of the various literary genres: poetry, fable, prose, short story, novel, legend, etc.

The selections included in the NUESTRA LITERATURA section are:

- ► "Bolívar", Luis Lloréns Torres, Puerto Rico
- ► "La Araucana", Alonso de Ercilla y Zúñiga, Chile
- ► "El himno cotidiano", Gabriela Mistral, Chile
- ► "Una moneda de oro", Francisco Monterde, Mexico
- ► *El amor en los tiempos del cólera,* Gabriel García Márquez, Colombia; *La casa de los espíritus,* Isabel Allende, Chile/Venezuela
- ► "El Cid", Anónimo, España; "El hermano ausente en la cena de Pascua", Abraham Valdelomar, Peru
- ► "Ahora que vuelvo, Ton", René del Risco Bermúdez, Dominican Republic
- ► "Canción del pirata", José de Espronceda, Spain
- ► *Desde lejos para siempre,* Nicolás Mihovilovic, Chile
- ► "Si eres bueno...", Amado Nervo, Mexico; "Triolet", Manuel González Prada, Peru
- ► *El grano de oro,* leyenda, Puerto Rico
- ► *El ingenioso hidalgo don Quijote de la Mancha,* Miguel de Cervantes Saavedra, Spain
- ► "La camisa de Margarita", Ricardo Palma, Peru
- ► "¡Quién sabe!", José Santos Chocano, Peru
- ► "El cuervo y el zorro", Félix María Samaniego, Spain
- ► "Coplas por la muerte de su padre", Jorge Manrique, Spain; "La vida es sueño", Pedro Calderón de la Barca, Spain; "Triolet", Manuel González Prada, Peru

You will probably want to vary your presentation of literary selections based on your own preferences, teaching style, and the background of your students. It is suggested that you first familiarize the students with some biographical information about the author. If you have an entire class of native speakers, you may wish to do this as a mini-lecture, interspersing your presentation with questions and discussion. If you have a group of both English speakers learning Spanish and native Spanish speakers, the latter can read the information concerning the author that appears in the textbook.

You may then wish to give the students some information concerning the theme of the literary selection. For example, in Chapter 6 the theme is family love; in Chapter 11 the themes are geography, history, and adventure; in Chapter 16 the themes are life and death. Before reading the selection, you may have students give some of their ideas about the particular theme. After reading the selection, students can discuss their opinions concerning the theme or content with those of the writer.

In some literary selections, you may wish to pick out some key words that you think students may not know and offer definitions.

You may wish to follow all or part of any of the following three options for reading the literary selection. In poetry selections, you will most probably want to have students read them aloud.

OPTION 1 In some chapters, depending on time and interest, the teacher may want the students to go over the reading selection thoroughly. In this case, all or any combination of the following techniques can be used.

► Read the general and biographical information that precedes the reading selection to give students a brief synopsis of the section theme.
► Ask brief comprehension questions about this information.
► Have students read the selection at home and complete the accompanying activities.
► Have students open their books. Call on individuals to read.
► Ask questions about what was just read.
► Have students read the selection at home and complete the accompanying activities.
► Go over the activities in class the next day.

► Call on a student to give a summary of the selection in his/her own words. If necessary, guide students in the development of their summaries. Ask several questions, the answers to which review the main points of the reading. After the oral review, students can take several minutes to write a summary of the section.

OPTION 2 Teachers may wish to be less thorough in the presentation of some of the reading selections. In this case, the following techniques should be helpful.

► Call on an individual to read a paragraph.
► Ask questions about the paragraph.
► Assign the entire reading selection to be read at home. Have students do the activities that accompany the selection.
► Go over the activities the following day.

OPTION 3 Sometimes teachers may wish merely to assign the readings and activities for homework and then go over them the following day. The activities that follow each selection assist students in working independently with the language. In some cases, teachers may want the entire class to do all or some of the activities. Another possibility is to break the class into groups and have each group work on a different activity.

After going over the reading selection, have students interpret the selection and tell in their own words the message they got from it. Encourage them to express their reactions to the selection. Did they agree or disagree with the ideas or philosophy of the author? Did they like or dislike the selection? Would they be interested in reading more works by the same author? When pertinent, have students discuss what emotions or feelings the literary selection evoked in them. As students interpret the selection, have them defend their opinions and always answer the question *why?*

For additional outside reading, you may wish to have students read another work by the same author. They can prepare a report and present it to the rest of the class.

NUESTRA CREATIVIDAD

The NUESTRA CREATIVIDAD section provides students with much opportunity to brainstorm. Many of the activities start with very simple tasks and progress to having students add more information until they finally produce a story, essay, or speech on their own. The activities themselves are self-explanatory. Some have the students work in groups, others have them work independently. The creative activities deal with both oral and written expression. Students are given the opportunity to write paragraphs, to develop short stories, and to write poetry on their own. They will also give different types of speeches: expository, persuasive, etc.

NUESTRAS DIVERSIONES

The NUESTRAS DIVERSIONES section of each chapter is to be enjoyed by both students and teachers alike. Here we include magazine and newspaper articles from periodicals that are available in Spanish in the U.S. Students are given the opportunity to sit back, read, and enjoy the material. Hopefully, this type of reading activity will develop the desire for students to read in Spanish on their own—now and in the future.

You can decide how thoroughly you wish to do a particular article. You may just have the students read it once on their own, or you may wish to ask comprehension questions about it. You may also have students retell what they have read in their own words. They may do this either orally or in writing.

Nosotros y Nuestro Mundo

SPANISH FOR SPANISH SPEAKERS 1

Teacher's Annotated Edition

Conrad J. Schmitt
Protase E. Woodford

GLENCOE
McGraw-Hill

New York, New York   Columbus, Ohio   Mission Hills, California   Peoria, Illinois

Glencoe/McGraw-Hill

A Division of The McGraw·Hill Companies

Send all inquiries to:
    Glencoe/McGraw-Hill
    15319 Chatsworth Street
    P.O. Box 9609
    Mission Hills, California 91346–9609

ISBN 0–02–641032–X (Student Edition)
ISBN 0–02–641033–8 (Teacher's Annotated Edition)
Printed in the United States of America.

3 4 5 6 7 8 9 RRW 01 00 99 98 97

CONTENIDO

CAPÍTULO 1

Nuestro conocimiento académico

La geografía

La geografía es el estudio de la Tierra y de la manera en que la gente vive y trabaja en la Tierra. Los que estudian la geografía se llaman geógrafos.

Mapas y globos

El mapa es una representación plana de la Tierra o una parte de la Tierra. Un globo indica los continentes y los océanos de la Tierra. El globo tiene forma redonda y, por consiguiente, sirve de modelo de la Tierra.

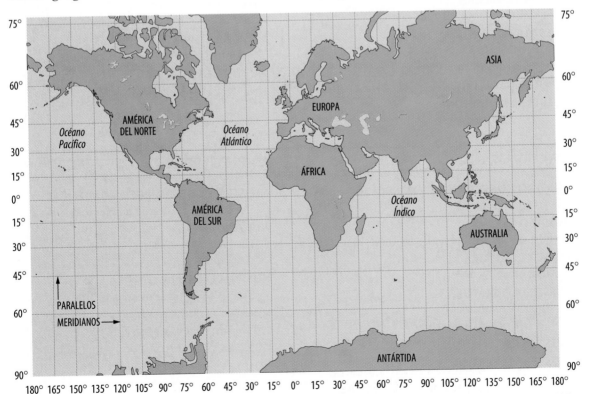

Ejercicios Contesten. **1.** ¿Qué es la geografía?
2. ¿Quiénes son los geógrafos? **3.** ¿Qué es un mapa?
4. ¿Cuál es la diferencia entre un mapa y un globo?

Sugerencia Al leer el texto permítales a los estudiantes consultar los mapas y el globo que aparecen en el capítulo.

Paralelos

En un mapa o globo hay dos series de líneas imaginarias, una serie horizontal y otra vertical. Estas líneas se usan para localizar puntos y lugares en el mapa. En el globo o mapa, busca el ecuador. El ecuador divide la Tierra en dos partes que se llaman hemis-ferios. La mitad de la Tierra que está al norte del ecuador es el hemisferio norte y la que está al sur es el hemisferio sur. Las líneas horizontales se usan para medir la distancia del norte o del sur del ecuador. A estas líneas horizontales se les llama líneas de latitud o paralelos.

Ejercicios Contesten. **1.** ¿Cuántas series de líneas imaginarias hay en un mapa o globo? **2.** ¿Para qué sirven estas líneas imaginarias? **3.** ¿En cuántas partes divide la Tierra el ecuador? **4.** ¿Cómo se llama cada mitad de la Tierra? **5.** Den los cuatro puntos cardinales.

Meridianos

A las líneas verticales se les llama líneas de longitud o meridianos. Se usan para medir la distancia al este o al oeste del primer meridiano (cero grado de longitud) que pasa por Greenwich, Inglaterra. El primer meridiano divide la Tierra en el hemisferio oeste (occidental) y el hemisferio este (oriental). La Tierra al oeste de Greenwich o del primer meridiano hasta el medio del océano Pacífico es el hemisferio occidental y la Tierra al este de Greenwich hasta este mismo punto en el medio del océano Pacífico es el hemisferio oriental.

ACTIVIDADES

A **Los hemisferios.** Mira un globo y contesta las siguientes preguntas.

1. ¿En qué hemisferio vives?
2. ¿En qué hemisferio está Europa?

B **Leyendo el mapa.** En el mapa y el globo, localiza las siguientes líneas imaginarias.

1. el ecuador
2. el trópico de Cáncer
3. el trópico de Capricornio
4. el primer meridiano
5. el paralelo 30 grados norte
6. el meridiano 60 grados oeste

C **Leyendo el mapa.** En el mapa, localiza los siguientes lugares.

1. el océano Pacífico
2. el océano Atlántico
3. el mar Caribe
4. el istmo de Panamá
5. el canal de Panamá
6. el río Amazonas
7. el río Orinoco
8. el río Bravo
9. el golfo de México
10. el estrecho de Magallanes
11. los Andes

D **Aprendiendo más.**

1. La Tierra o el mundo se divide en siete continentes: Europa, África, la Antártida, Asia, Australia, la América del Norte y la América del Sur. Nombra los países que están en la América del Sur. Nombra también los países de Centroamérica (de la América Central). ¿Están los países centroamericanos en la América del Norte o en la América del Sur?
2. Una isla es una porción de tierra rodeada completamente de agua. Es decir que tiene agua por todos lados. Busca e identifica tres islas en la América Latina.
3. Una península es una porción de tierra rodeada de agua por tres partes y conectada con la tierra firme por una parte. Busca e identifica una península importante de México.

NUESTRO IDIOMA

Sustantivos y artículos

Sugerencia Dígales a los estudiantes que provean otros sustantivos propios.

1. Las palabras que se usan para nombrar personas, cosas o lugares se llaman nombres o sustantivos. ¿Cuáles son los sustantivos en la siguiente frase u oración?

   Alfredo Garza es alumno en una escuela de Ysleta, Tejas.

   El nombre de una persona específica, Alfredo Garza, es un nombre o sustantivo propio.

Sugerencias Haga que los estudiantes provean otros sustantivos que terminan en *-o* y *-a*.

Explíqueles que *la foto* es una forma abreviada de *la fotografía*. El género de la palabra *radio* varía: *la radio, el radio*.

Haga que los estudiantes formen oraciones originales con las palabras *el planeta, el mapa,* etc.

2. Los sustantivos en español tienen un género: masculino o femenino. Casi todos los sustantivos que terminan en *-o* son masculinos y casi todos los que terminan en *-a* son femeninos. Pero hay algunas excepciones importantes. Observa las siguientes:

   La mano termina en *-o* pero es un sustantivo femenino. Cuidado con no cometer un error en el uso de esta palabra.

   Levanta la mano derecha si sabes la respuesta.

   Los siguientes sustantivos de uso corriente terminan en *-a* pero son masculinos.

el planeta	el clima	el programa
el mapa	el síntoma	
el drama	el día	

   Se ve el planeta Tierra en el mapa.

Sugerencia Haga que los estudiantes formen oraciones originales empleando los artículos *el, la, un* y *una*.

3. Con frecuencia los sustantivos van precedidos de una palabra que nos ayuda a reconocer cuál es su género. *El* y *la* se llaman artículos. *El* precede a un sustantivo masculino y *la* precede a un sustantivo femenino. *El* y *la* se llaman artículos definidos porque se emplean delante de sustantivos que significan algo definido, algo que nos es bien conocido.

4. Los artículos *un* (masculino) y *una* (femenino) se llaman artículos indefinidos. Preceden algo indefinido o impreciso. Analiza los siguientes ejemplos:

   Enrique es el muchacho de quien te hablé. (definido, preciso)
   Él nos habla de una muchacha de nuestra clase de español. (una de las muchas, indefinida, imprecisa)

Adjetivos

Sugerencias Dígales a los estudiantes que provean más adjetivos. Escriba los adjetivos en la pizarra (el pizarrón).

1. Una palabra que describe o modifica a un sustantivo es un adjetivo. Un adjetivo tiene que concordar en género y número con el sustantivo que modifica.

un muchacho rubio	una muchacha rubia
un profesor inteligente	una profesora inteligente
un animal feroz	una planta bonita

2. Un adjetivo que describe cómo es una persona, animal o cosa es un adjetivo calificativo. El calificativo expresa una cualidad del sustantivo al que acompaña.

ACTIVIDADES

Permita que los estudiantes lean sus respuestas en voz alta.

A Da los sustantivos de tres o más cosas que sirven para:

1. vestir
2. comer
3. estudiar

B Da un sustantivo de:

1. persona
2. lugar
3. persona específica
4. cosa

Actividades

A y B
Las respuestas pueden variar.

C 1. el; 2. El; 3. El, el; 4. la, el; 5. El, el

D Las respuestas pueden variar.

C Completa las siguientes oraciones con el artículo definido.

1. Hoy es _____ día 25.
2. _____ poema que vamos a leer es del poeta puertorriqueño Luis Lloréns Torres.
3. _____ drama tiene lugar en _____ planeta Júpiter.
4. Levanta _____ mano si quieres ver _____ programa.
5. _____ tema del artículo es _____ sistema educativo.

D Da adjetivos calificativos para describir:

1. un muchacho
2. una muchacha
3. un perrito
4. una escuela

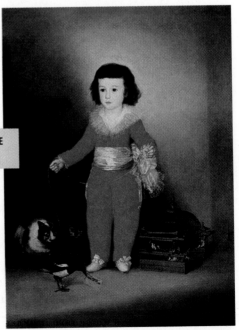

DON MANUEL OSORIO MANRIQUE DE ZÚÑIGA, FRANCISCO GOYA

SIMÓN BOLÍVAR: UN GRAN HÉROE LATINOAMERICANO

SIMÓN BOLÍVAR

A Simón Bolívar se le conoce como "El Libertador". Se le llama también "el Jorge Wáshington de la América del Sur".

Simón Bolívar nació en Venezuela en 1783. De niño vivía en el campo. Le encantaba el campo y aunque era de una familia noble y adinerada, el joven Simón siempre ayudaba a los criados con sus tareas. Se le murió el padre cuando era muy joven y un tío lo llevó a la ciudad de Caracas. El tío confió su educación a los sacerdotes.

Tampoco en Caracas le impresionó al joven Simón su origen noble. Le encantaba oír las historias de los menos afortunados y de los héroes de su país. Uno de sus profesores en Caracas, Simón Rodríguez, iba a tener mucha influencia en la vida de Bolívar. Rodríguez le hablaba de las ideas de libertad imperantes en Francia y los Estados

Unidos en aquel entonces. Le explicaba que el rey de España gozaba de poder absoluto y que oprimía a sus súbditos. A su tío no le gustaban las ideas que aprendía su sobrino y decidió que le convenía un cambio de ambiente. Envió a Bolívar a España, donde fue a vivir en el palacio de uno de sus parientes. Continuó con su educación en España, pero seguían volviendo a su mente las ideas de libertad que le había enseñado Rodríguez, su antiguo maestro.

Simón Bolívar volvió a Caracas por una temporada. Se casó pero nueve meses más tarde, enviudó. Después de la muerte de su mujer, el triste Bolívar fue a París y viajó por Europa y los Estados Unidos.

En 1810 volvió a Venezuela para tomar parte en la rebelión contra los españoles. Fue nombrado coronel en el ejército. Ya era general en 1812. En unos tres meses derrotó a los españoles y los echó de Venezuela. En 1813 entró triunfante en Caracas y recibió el título de "El Libertador".

Pero pronto llegaron refuerzos españoles y Bolívar tuvo que refugiarse en Santo Domingo. Organizó un nuevo ejército y desembarcó una vez más en Venezuela, donde fue proclamado presidente de la República. Siguió la lucha por la independencia y, en 1819, con mucha dificultad atravesó los imponentes Andes. Derrotó a las fuerzas españolas y fundó la República de la Gran Colombia, el territorio que hoy comprende Colombia, Venezuela y Ecuador. Aceptó la presidencia de la nueva república. Luego pasó al Perú donde selló

Pídales a estudiantes individuales que lean una parte de la selección en voz alta. Mientras está leyendo un individuo, Ud. puede interrumpir haciendo preguntas de comprensión, tales como: ¿Dónde nació Simón Bolívar? ¿Dónde vivía cuando era niño?

NUESTRA CULTURA 5

la independencia sudamericana en las batallas de Junín y Ayacucho en 1824.

Después de su triunfo en el Perú, El Libertador volvió a Colombia con su gran sueño de ver unido todo el continente sudamericano en una sola confederación que rivalizara con los Estados Unidos. Pero al llegar a Colombia se dio cuenta de que había muchas disensiones políticas. La Gran Colombia empezó a dividirse en varias repúblicas. Bolívar murió en la pobreza a los 47 años de edad (1830) de tuberculosis, desilusionado por no haber realizado su ideal de ver al continente sudamericano convertido en una sola nación.

PLAZA BOLÍVAR, CARACAS, VENEZUELA

Actividad Haga que los estudiantes encuentren en un mapa los siguientes lugares mencionados en la biografía de Simón Bolívar: Venezuela, Caracas, Francia, París, Europa, los Estados Unidos, Santo Domingo, los Andes, Colombia, Venezuela, Ecuador, Perú.

Después de la lectura, haga que los alumnos expliquen la relación entre Bolívar y cada uno de esos lugares.

ACTIVIDADES

Actividades

A Las respuestas pueden variar.

B 1. en Venezuela en 1783; 2. Simón Rodríguez; 3. España, París, Europa, Estados Unidos; 4. en Santo Domingo, para organizar un nuevo ejército; 5. los Andes; 6. Colombia, Venezuela, Ecuador, el Perú; 7. el de ver al continente sudamericano convertido en una nación

Es posible hacer esta actividad dos veces. La primera vez los estudiantes pueden consultar el texto. La segunda vez tienen que dar las respuestas de memoria.

C Al contestar estas preguntas, haga que los estudiantes expliquen cómo cada una de estas características le ayudó a Simón Bolívar.

● **A Palabras clave.** Hay algunas palabras importantes o clave relacionadas con la vida de Bolívar. Son: la libertad, la disensión y la desilusión. Explica por qué estas palabras son tan importantes al hablar de la vida del gran "Libertador".

● **B Hechos.** Busca la siguiente información.
1. dónde y cuándo nació Bolívar
2. el nombre de un maestro que influyó mucho en él
3. por dónde viajó Bolívar
4. dónde se refugió y por qué
5. las montañas que cruzó
6. los países actuales que liberó de la dominación española
7. el gran ideal o sueño de Simón Bolívar

● **C Análisis.** Discute.
1. ¿Qué rasgos del carácter de Bolívar crees que más le ayudaron a lograr sus ideales?
2. ¿Por qué se ganó Bolívar el nombre de "El Libertador"?

● **D Un mapa.** Dibuja un mapa de los viajes y las expediciones de Simón Bolívar.

● **E Una descripción.** Prepara una lista de adjetivos calificativos que describan a Simón Bolívar.

Bolívar
de Luis Lloréns Torres

INTRODUCCIÓN Luis Lloréns Torres (1878–1944) fue uno de los más señalados poetas de Puerto Rico. También fue abogado y periodista. En su poesía, canta los valores hispánicos—los valores tradicionales e históricos. Describe la historia, geografía y belleza de Cuba, Puerto Rico y la República Dominicana. Dedica además muchos poemas a los héroes de la independencia latinoamericana. En "Bolívar", publicado en 1914, Lloréns nos da un magnífico retrato de "El Libertador".

Luis Lloréns Torres concluyó su carrera de abogado en la Universidad de Barcelona. Se graduó de la Universidad de Granada en España con un doctorado en Filosofía y Letras. Fundó la *Revista de las Antillas,* una publicación importantísima de la historia literaria de Puerto Rico.

Bolívar

SIMÓN BOLÍVAR, CARACAS, VENEZUELA

Político, militar, héroe, orador y poeta.
Y en todo, grande. Como las tierras libertadas por él.
Por él, que no nació hijo de patria alguna,
sino que muchas patrias nacieron hijas dél[1].

Tenía la valentía del que lleva una espada.
Tenía la cortesía del que lleva una flor.
Y entrando en los salones, arrojaba la espada.
Y entrando en los combates, arrojaba la flor.

Los picos del Ande no eran más, a sus ojos,
que signos admirativos de sus arrojos.

Fue un soldado poeta. Un poeta soldado.
Y cada pueblo libertado
era una hazaña del poeta y era un poema del soldado

Y fue crucificado…

[1]**dél** *de él*

Sugerencias Lea el poema en voz alta mientras los alumnos siguen en sus libros. Entonces haga que los estudiantes repitan cada verso después de Ud. exigiendo una expresión y entonación apropiadas.

Haga que los alumnos vean las Actividades A y B de la página 8 antes de leer el poema. Estas actividades pueden usarse antes y después de la lectura.

ACTIVIDADES

A Rasgos personales. Contesta.

1. ¿Cuáles son algunas palabras que utiliza el poeta para señalar lo que era Bolívar?
2. ¿Cuáles son algunas palabras que utiliza el poeta para describir las cualidades o atributos de Bolívar?

B Análisis. Discute.

1. Según lo que sabes de la vida de Bolívar, ¿por qué dice el autor "que no nació hijo de patria alguna"?
2. ¿Por qué dice el poeta que "muchas patrias nacieron hijas dél"?

C Interpretación. Escoge.

1. El poeta dice que Bolívar fue crucificado. ¿Por qué dice que fue crucificado? Escoge la respuesta apropiada.
   a. Él fue crucificado por sus enemigos cuando volvió del Perú a Colombia.
   b. Él murió decepcionado porque no realizó su sueño o ideal de ver a la América Latina unida. También fue decepcionado por la disensión e ingratitud de la gente a quien libertó.
   c. Él nació rico y murió pobre.

D Una nota biográfica. Después de la muerte de su esposa, Bolívar fue a París. En Francia conoció a Napoleón y a otros personajes importantes de la época. Fue invitado a los salones elegantes de la sociedad europea. Un gran poeta inglés dio el nombre de *Bolívar* a su barco. ¿Qué alusión hace el poeta a esta época en la vida de Bolívar?

EL EMPERADOR NAPOLEÓN, JACQUES LUIS DAVID

NUESTRA CREATIVIDAD

PARECE QUE TIENE MUCHOS DEFECTOS.

ACTIVIDADES

El objetivo de estas actividades es "brainstorming". Los estudiantes pueden trabajar en grupos pequeños o grandes. La meta de las actividades es lograr que los estudiantes sean lo más creativos posible en el desarrollo de su expresión oral y escrita.

Actividades A, B, C y D
Las respuestas pueden variar.

Los estudiantes pueden divertirse formando oraciones originales empleando los "defectos". Permítales a los estudiantes que den una descripción de "Una persona a quien quisiera conocer" y "Una persona a quien no quisiera conocer".

A **Actividad cooperativa.** En un grupo de cuatro o cinco personas, preparen una lista de adjetivos calificativos que se puedan usar para dar una descripción física de una persona. Den palabras que se puedan usar para describir el pelo, los ojos, la cara, la estatura, etc.

B **Actividad cooperativa.** En el mismo grupo o en otro grupo, preparen una lista de adjetivos calificativos que se puedan usar para describir las características personales de una persona—su personalidad, sus emociones, su inteligencia, etc.

C **Aprendiendo más.** Cada persona o individuo tiene características positivas y negativas. A las características positivas se les llama "cualidades" o "atributos". A las negativas se les llama "defectos". Tomen la lista de adjetivos calificativos que han preparado y divídanlos en cualidades y defectos.

D **Expresión escrita.**
1. Escoge a una persona. Puede ser un(a) amigo(a), un(a) pariente, un héroe (una heroína) o un ídolo tuyo. Escribe una descripción física de esa persona.
2. Escribe un párrafo sobre los atributos y defectos de esta misma persona.
3. Lee la descripción que has preparado y luego dale una conclusión, explicando por qué estimas mucho o no estimas mucho a esta persona.

Nuestras Diversiones

Esta es una lectura para recreación. Debe animarse a los estudiantes a que lean por el placer de hacerlo.

Lee lo que apareció en la revista mexicana *Eres* sobre Chantal y Benny.

Chantal y Benny

Nombre completo:
CHANTAL FERNÁNDEZ ANDERE

Edad: 18 años

Estatura: 1.77 metros

Peso: 54 kilos

Talla: 5

Fecha de nacimiento: 25 de enero

Signo del zodíaco: Acuario

Lugar de nacimiento: México, D.F.

Nombre completo:
BENNY IBARRA DE LLANO

Edad: 20 años

Estatura: 1.85 metros

Peso: "como 68 kilos…"

Talla: 30… "con un cinturón, pero es que el 29 me queda muy apretado"

Fecha de nacimiento: 8 de septiembre

Signo del zodíaco: Virgo. "Me gusta ser Virgo porque tengo muchos amigos y amigas que son Virgo."

Lugar de nacimiento: México, D. F.

En este artículo aparecen varios regionalismos mexicanos:

es muy buena onda	*he's a pretty good guy*
está en su rollo	*he's always doing his own thing*
no pela a nadie	*he doesn't pay attention to anyone*
pero no en mala onda	*but nothing in a malicious way*
¿Qué onda en la cocina?	*what's up?*

Chantal

Carácter: es muy buena onda, pero cuando se enoja ¡cuidado! Eso sí, si se propone algo, lucha por eso hasta alcanzarlo.

Comida preferida: la japonesa

Color preferido: el negro

Mayor defecto: la terquedad

Mayor cualidad: la sinceridad

Mayor manía: comerse las uñas

Deporte favorito: esquí acuático

Hablando de galanes: "no soy muy fijada, aunque, la verdad, siempre me han tocado guapos. Lo más importante es que sean fieles, respetuosos, que te dejen ser tú y que nunca mientan".

¿Qué onda con la cocina? Le encanta cocinar nada más que no lo practica mucho porque es *muuuy* desordenada y eso de lavar los trastes no se le da.

Lo que menos le gusta de su físico: los cachetes

Lo que más le gusta: la expresión de sus ojos

Benny

Carácter: "soy calmado por lo general, y me gusta comprender a la gente, pero... también me enojo mucho, pero por cosas que no entiendo cuando la gente hace cosas sin razón."

Comida preferida: las pizzas y el pollo

Mayor defecto: "tengo muchísimos defectos, pero yo creo que el más grande es que a veces hablo más de lo que debo".

Mayor cualidad: "soy muy bueno organizando a la gente, pero no soy bueno organizándome a mí, yo nunca me organizo".

Mayor manía: que siempre está en su rollo y no pela a nadie, pero no en mala onda, ¡para nada!, y le da mucha flojera recoger sus cosas.

Hablando de mujeres: "... que sean muy inteligentes y que no me dejen salirme con la mía; que me enseñen, que me bajen de la nube en la que a veces ando".

¿Qué onda con la cocina? Le gusta y lo hace muy bien.

Músicos que admira: Mozart, Sting, Peter Gabriel y otros del género "sub-terráneo" como los Toussaint, Petuco (un guitarrista mexicano ¡excelente!).

Lo que más le molesta: la ignorancia y la hipocresía.

Pasatiempos: ver películas, salir fuera los fines de semana y sobre todo, ir a San Miguel de Allende a tocar con la banda que tiene allá.

Deporte favorito: "mi prioridad es ser músico, después, detective y después, futbolista".

Lo que menos le gusta de su físico: la espalda porque le duele

Lo que más le gusta: el pelo y el "aura" en general

ACTIVIDADES

● **A** Da una descripción de estos dos jóvenes mexicanos.

● **B** Si eres muchacho, completa de una manera personal todos los informes que dio Benny. Si eres muchacha, completa de una manera personal todos los informes que dio Chantal.

Actividades A y B
Las respuestas pueden variar.

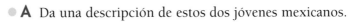

NUESTRO CONOCIMIENTO ACADÉMICO

UNA FIESTA, LOS ÁNGELES

LA SOCIOLOGÍA Y LA ANTROPOLOGÍA

Dos ciencias muy interesantes son la sociología y la antropología. La sociología es el estudio científico de la sociedad, sobre todo el estudio de la organización humana. El sociólogo estudia el comportamiento social, o sea, el desenvolvimiento de las personas en forma individual y colectiva (en grupos). La antropología es el estudio de las costumbres sociales. El antropólogo estudia los orígenes y el desarrollo cultural de los seres humanos. Estudia también sus creencias.

Grupos

Sugerencia Haga que los estudiantes den todos los tipos de grupos que puedan.

Estas dos ciencias son importantes porque todos somos miembros de varios grupos—grupos culturales y grupos sociales. ¿De qué grupo cultural eres miembro? ¿Eres mexicano(a), mexicano-americano(a), puertorriqueño(a), cubano-americano(a), dominicano(a), peruano(a)? Si contestas que sí, eres a la vez miembro de otro grupo cultural aun más grande. Eres hispano(a). Los hispanos son uno de los más grandes de todos los grupos culturales del mundo. Todos somos hispanos porque compartimos el mismo idioma—el español. El idioma o la lengua es la base de todas las culturas. Y nuestra lengua se habla como lengua franca en 21 países de la América del Sur, la América Central, la América del Norte, el Caribe y Europa.

Además de ser miembro de un grupo cultural, somos también miembros de varios grupos sociales. ¿A qué grupo o grupos pertenecemos? Pues, somos miembros de una familia. Pertenecemos a un grupo que vive en la misma vecindad o barrio—somos vecinos. Pertenecemos a un grupo de escolares que asisten a la misma escuela. Y somos ciudadanos de un pueblo o ciudad, de un estado y de una nación. ¡Y, sobre todo, somos todos miembros de la raza humana!

Ejercicios ¿Sí o no? **1.** La sociología y la antropología son ciencias. **2.** La biología y la física son ciencias también. **3.** La sociología es el estudio científico del cuerpo u organismo humano. **4.** El comportamiento social es la manera en que se comportan los miembros de una sociedad.

Busquen un sustantivo. **1.** estudiar; **2.** comportar; **3.** desenvolver; **4.** desarrollar; **5.** creer

Repaso Dígales a los estudiantes que nombren todos los países de habla española.

DESFILE PUERTORRIQUEÑO, NUEVA YORK

ACTIVIDADES

Actividades A, B y C
Las respuestas pueden variar.

Déles a los estudiantes algunos ejemplos de buena y mala conducta. Dígales que expliquen por qué consideran la conducta buena o mala.

Puede darles a los estudiantes ejemplos de costumbres que les sean desconocidas: la celebración de Jánuca (hebrea), la celebración de Ramadán (islámica), la inclinación de la cabeza al saludar a la gente (japonesa), el uso de palillos (asiático) o las manos (norte de Africa) para comer y la cena a las diez o las once de la noche (España).

Los estudiantes que tienen talento artístico pueden hacer un dibujo de una de sus fiestas o celebraciones. El estudiante puede explicar o describir el dibujo a la clase. Ud. puede hacer una exposición de los dibujos en el tablón de anuncios.

A Terminología. Para comprender la sociología y la antropología es necesario saber el significado de algunas palabras clave.

1. **El comportamiento.** El comportamiento es la manera en que se comporta o actúa un individuo; lo que hace y cómo lo hace. Da un ejemplo de lo que consideras buen comportamiento y lo que consideras mal comportamiento.

2. **Las costumbres.** Una costumbre es una práctica habitual, o sea, un hábito. Es algo que hacemos casi siempre de la misma manera. Las costumbres suelen pasar de una generación a otra dentro del mismo grupo cultural—de padres a hijos, por ejemplo. ¿Cuál es una costumbre que tiene tu familia que a ti te gusta mucho?

3. **Los valores.** Un valor es una idea abstracta que tú consideras deseable, buena y correcta. Los miembros de tu grupo cultural lo aceptan como bueno y correcto. Algunos ejemplos de valores son la honestidad, la limpieza, etc. ¿Cuál es un valor muy importante para ti?

B Actividad cooperativa. Trabajando con un grupo de tres o cuatro personas, discutan algunas costumbres familiares. Luego determinen cuáles son las costumbres que Uds. tienen en común y cuáles son diferentes. Al hablar de sus costumbres, piensen en sus fiestas y celebraciones, sus comidas, su rutina, etc.

C Actividad cooperativa. Trabajando con un grupo de tres o cuatro personas, discutan su sistema de valores. ¿Cuáles son los valores que Uds. consideran importantes y no importantes? Recuerden que diferentes grupos culturales tienen diferentes sistemas de valores. Algunos valores que pueden tener en cuenta son: la honestidad, la obediencia, el deseo de trabajar, el deseo de recibir buenas notas, la limpieza, el papel del hombre, el papel de la mujer, la cortesía.

NUESTRO IDIOMA

Adjetivos y sustantivos

Ya hemos aprendido que el adjetivo concuerda en género con el sustantivo al que modifica. Concuerda también en número: singular o plural. Singular significa uno y plural significa más de uno.

SINGULAR	PLURAL
el muchacho alto	los muchachos altos
la muchacha inteligente	las muchachas inteligentes

Sinónimos y antónimos

1. Los sinónimos son palabras que tienen el mismo o parecido significado.

Él es gordo.	Él es obeso.
Ella es flaca.	Ella es delgada.

   Gordo y *obeso* son sinónimos porque significan casi lo mismo. También son sinónimos *flaco* y *delgado*.

2. Los antónimos son palabras que significan lo contrario.

Es una calle ancha.	Es una calle estrecha.
Uno es gordo.	Y el otro es delgado.

ACTIVIDADES

● **A** Escribe las siguientes oraciones en el plural.

1. El muchacho alto es amigo íntimo de Roberto.
2. La escuela pública es muy buena.
3. El alumno bueno es inteligente.

● **B** Parea los sinónimos y los antónimos.

SINÓNIMOS

1. flaco   a. árido
2. inteligente   b. corto
3. gordo   c. hermoso
4. bonito   d. listo
5. bajo   e. simple
6. seco   f. obeso
7. sencillo   g. delgado

ANTÓNIMOS

1. alto   a. delgado
2. divertido   b. oscuro
3. bueno   c. aburrido
4. grande   d. guapo
5. fácil   e. feo
6. bonito   f. lejos
7. gordo   g. pequeño
8. feo   h. bajo
9. claro   i. malo
10. cerca   j. difícil

Sugerencia Haga que los estudiantes den sustantivos. Cuando un estudiante provee el sustantivo, pídale a otro que dé un adjetivo que describa el sustantivo. El tercer estudiante emplea el sustantivo y el adjetivo en una oración. El cuarto estudiante convierte la oración en singular o plural, es decir, que pone una oración singular en la forma plural o vice versa.

Sugerencia Haga que los estudiantes den tantos sinónimos y antónimos como puedan.

Actividades

A 1. Los muchachos altos son amigos íntimos de Roberto. 2. Las escuelas públicas son muy buenas. 3. Los alumnos buenos son inteligentes.

B sinónimos: 1.-g; 2.-d; 3.-f; 4.-c; 5.-b; 6.-a; 7.-e.

antónimos: 1.-h; 2.-c; 3.-i; 4.-g; 5.-j; 6.-e; 7.-a; 8.-d; 9.-b; 10.-f

Ejercicio Dígales a los estudiantes que den un sinónimo. 1. Él me lo *dijo*. 2. El me lo *entregó*. 3. Ella lo *comenzó*. 4. Ella me *platicó*.
contó; dio; empezó; charló; habló; conversó.

NUESTRA CULTURA

GRUPOS ÉTNICOS DEL MUNDO HISPANO

El mundo hispano es grandísimo. Y en todos los países hispanos, la lengua franca es el español. ¡El español es el idioma que se habla en más países del mundo que cualquier otro idioma!

Los indígenas

Muchos grupos étnicos están representados en el mundo hispano. Los indios fueron los primeros habitantes de América y, por lo tanto, los primeros americanos. Cuando llegaron los españoles de Europa en las carabelas del gran descubridor Cristóbal Colón, encontraron a gente de piel cobriza y pelo negro. Colón los llamó "indios", ya que imaginó que había llegado a la India.

UNA SEÑORA, OAXACA, MÉXICO

Los historiadores sugieren que los primeros habitantes de América vinieron de Asia. Se cree que los "indios" entraron a la América del Norte cruzando el estrecho de Bering de Asia a Alaska. Siguieron viajando hacia el sur en busca de alimento. Los indios viajaron hasta la Patagonia en el extremo sur del continente sudamericano, estableciéndose en diferentes partes de la América del Norte y la América del Sur. Al llegar los españoles a las Américas, se mezclaron con los indios y dieron origen a otro grupo racial—los mestizos. Los mestizos son hijos de blancos e indios. Hoy en día hay grandes poblaciones de indios y mestizos en México, Guatemala, Ecuador, Perú y Bolivia.

Los africanos

Según la evidencia disponible, los primeros esclavos negros fueron traídos de África al Nuevo Mundo en 1502 para trabajar en las minas de La Española, hoy Haití y la República Dominicana. Vinieron como sustitutos de los indios, quienes no resistían los trabajos forzados en las minas. El horrible tráfico negrero continuó hasta 1880 en

DOS JÓVENES, PUERTO RICO

Ejercicio Contesten. **1.** ¿Quiénes fueron los primeros habitantes de América? **2.** ¿De qué color era la piel de los indios que encontró Colón? ¿Y de qué color era su pelo? **3.** ¿Por qué los llamó "indios" Colón? **4.** ¿De dónde vinieron los primeros habitantes de América? **5.** ¿Qué es un mestizo? **6.** ¿En qué países hay muchos mestizos hoy en día?

Cuba y hasta 1888 en el Brasil. La llegada de los negros al continente americano dio origen a otro grupo racial—los mulatos. El mulato es el hijo de negros y blancos. Hoy en día muchos mulatos viven en las islas de las Antillas: Puerto Rico, Cuba y la República Dominicana. También hay grandes poblaciones de negros y mulatos en Panamá, Venezuela, en la costa de Colombia, Ecuador y Perú y en el Brasil, un país de habla portuguesa.

Costa Rica hay muchos descendientes de españoles, sobre todo del norte de España. En Argentina, Uruguay y Chile hay mucha gente de ascendencia española, italiana, alemana e irlandesa. En algunos países, principalmente en Perú y Panamá, viven personas de ascendencia asiática: japoneses y chinos. Alberto Fujimori, de ascendencia japonesa, fue elegido presidente del Perú en 1990 y en 1994.

Los europeos

Hay gente de ascendencia europea en todos los países latinoamericanos, pero predominan los inmigrantes europeos en la Argentina, el Uruguay, Chile y Costa Rica. En

FIESTA RELIGIOSA DE ORIGEN ITALIANO, BUENOS AIRES

Sugerencia Colón salió de España para encontrar una nueva ruta a Asia. Creyó que la Tierra era redonda y por eso navegó hacia el oeste para llegar al este. Cuando vio tierra por primera vez creyó que había llegado a la India. Ud. puede indicar la ruta en un mapa.

ACTIVIDADES

Actividades A, B, C y D
Las respuestas pueden variar.

Ejercicio Contesten. **1.** ¿Cuándo llegaron los primeros esclavos al Nuevo Mundo? **2.** ¿Adónde llegaron? **3.** ¿De dónde vinieron? **4.** ¿Por qué fueron traídos los esclavos al Nuevo Mundo? **5.** ¿Qué es un mulato? **6.** Hoy en día, ¿dónde viven muchos mulatos?

Sugerencia Es posible exhibir los mapas que preparan los estudiantes en el tablón de anuncios.

A **Un mapa.** Dibuja un mapa étnico de la América Latina.

B **Explicación.** Explica cómo y por qué el término "indio" es en realidad un término erróneo.

C **Grupos indígenas.** Escoge un grupo indígena que te interese y prepara un informe.
los aztecas—México
los mayas—México y la América Central, sobre todo Guatemala
los guaraníes—Paraguay
los chibchas—Colombia
los incas—Ecuador, Perú, Bolivia
los araucanos—Chile
los taínos—Puerto Rico

D **Grupos étnicos.** Prepara una lista de todos los grupos étnicos que viven en la América Latina. Escribe lo que consideras una buena definición de la palabra "étnico".

NUESTRA LITERATURA

LA ARAUCANA
de Alonso de Ercilla y Zúñiga

INTRODUCCIÓN El primer poema de gran valor literario escrito en el continente americano es "La Araucana" de Alonso de Ercilla y Zúñiga (1533–1594). Ercilla llegó a las Américas de España a los veintiún años y tomó parte en la conquista del Perú. Más tarde pasó a Chile donde luchó contra las feroces tribus araucanas. Mientras peleaba, escribía, y así, surgió el primer poema épico americano. El autor dedicó el poema al Rey de España, Felipe II. En su dedicatoria declaró al Rey que los acontecimientos del poema representaban la verdad histórica. La obra "La Araucana" fue la primera en que el poeta apareció como actor en la epopeya, y la primera que cantó acontecimientos o eventos todavía en curso.

En la estrofa que sigue, Ercilla describe a los indios que lo esperaban a su llegada a Chile—los araucanos.

Déles a los estudiantes una definición de "una epopeya" e información adicional sobre los poemas épicos: La epopeya es un poema extenso que trata de un asunto heroico. En el Renacimiento había epopeyas que imitaban las clásicas griegas y romanas; había epopeyas novelescas que contaban hazañas de los caballeros medievales y había epopeyas religiosas cristianas. "La Araucana" fue la primera obra que dio dignidad épica a sucesos o acontecimientos todavía en curso.

La Araucana

Son de gestos robustos, desbarbados,
bien formados de cuerpos y crecidos,
espaldas grandes, pechos levantados,
recios miembros, de nervios bien fornidos,
ágiles, desenvueltos, alentados,
animosos, valientes, atrevidos,
duros en el trabajo y sufridores
de fríos mortales, hambres y calores.

ALONSO DE ERCILLA Y ZÚÑIGA

A Los araucanos. Prepara una lista de todos los adjetivos calificativos en plural que aparecen en este fragmento del poema "La Araucana".

B Comprensión. ¿Cómo dice el autor lo siguiente en su lenguaje poético?

1. Los araucanos tienen cuerpos fuertes y atléticos.
2. Los araucanos tienen muy poco pelo en el cuerpo.
3. Los araucanos trabajan mucho. Son muy trabajadores.
4. Los araucanos saben y pueden sufrir.

C Sinónimos y antónimos. ¿Sí o no?

1. *Crecido* es sinónimo de *grande*.
2. *Audaz* y *atrevido* son sinónimos.
3. *Cobarde* es un antónimo de *atrevido*.
4. *Valiente* y *temeroso* son sinónimos.
5. *Alentado* es sinónimo de *valiente*.

D Una traducción bellísima. Aquí tienes los primeros versos de "La Araucana" en español.

> *No las damas, amor, no gentilezas*
> *de caballeros canto enamorados;*
> *ni las muestras, regalos, ternezas*
> *de amorosos afectos y cuidados;*
> *mas el valor, los hechos, las proezas*
> *de aquellos españoles esforzados,*
> *que a la cerviz de Arauco, no domada,*
> *pusieron duro yugo por la espada.*

Y ahora lee la bonita traducción hecha por el poeta inglés William Hayley (1745–1820).

> *I sing not love of ladies, nor of sights*
> *devised for gentle dames by courteous knights;*
> *nor feasts, nor tourneys, nor that tender care*
> *which prompts the Gallant to regale the Fair;*
> *but the bold deeds of Valor's favorite train,*
> *those undegenerate sons of warlike Spain,*
> *who made Arauco their stern laws embrace,*
> *and bent beneath their yoke her untamed race.*

EL CONQUISTADOR PIZARRO

Actividades

A robustos, desbarbados, crecidos, grandes, levantados, recios, bien fornidos, ágiles, desenvueltos, alentados, animosos, valientes, atrevidos, duros, sufridores

B **1.** Son de gestos robustos. **2.** Son desbarbados. **3.** Son duros en el trabajo. **4.** Son sufridores.

C **1.** Sí; **2.** Sí; **3.** Sí; **4.** No; **5.** Sí

Nuestra creatividad

Actividades

A **Actividad cooperativa.** Trabajando con tres o cuatro personas, preparen una lista de los grupos u organizaciones que existen en su comunidad. Después escojan por lo menos dos grupos. Descríbanlos. Den el propósito que tienen y expliquen cómo benefician a la comunidad.

B **Expresión escrita.** Escribe dos o tres párrafos describiendo un grupo u organización que conoces bien. Puede ser un equipo deportivo, un conjunto musical o un club escolar.

C **Expresión oral.** Vas a ser orador(a) y vas a dar un discurso. En el discurso vas a decir a tu público:
- ▶ quién eres
- ▶ dónde vives
- ▶ de dónde eres, de qué ascendencia eres
- ▶ el grupo cultural al cual perteneces
- ▶ algunas costumbres tuyas
- ▶ una fiesta que celebras
- ▶ un valor que para ti es muy importante
- ▶ por qué estás orgulloso(a) de pertenecer a tu grupo cultural

NUESTRAS DIVERSIONES

Cuando tenemos unos momentos libres, es divertido leer un artículo de una revista. Es un pasatiempo placentero. Pero a veces encontramos en la revista artículos que no son ni alegres ni placenteros. Son tristes. Recientemente ocurrió un evento horrible que entristeció enormemente a nuestras comunidades hispanas en muchas partes de los Estados Unidos. Nos referimos a la inesperada y trágica muerte de la gran artista tejana, la cantante Selena. Lee estos artículos que aparecieron en varias revistas después de la muerte de Selena.

Sugerencia Antes de leer estos artículos, los estudiantes pueden discutir lo que saben de Selena. Es posible tocar la música de Selena en clase.

Selena
1971–1995

A la edad de 6 años, empezó a cantarle a su padre para que éste, que era músico, le prestara atención. Abraham Quintanilla, que entonces enseñaba a su hijo a tocar el bajo, sintió la emoción de una nueva promesa. Tuvo la esperanza de poder revivir la vieja banda que años atrás formara con el nombre de Los Dinos. Selena y Los Dinos entonces formaron un grupo texano, empezando a nivel regional y poco a poco conquistando premio tras premio. Sin embargo, el grupo no alcanzó todo su éxito hasta que la compañía EMI Latin la firmó en el año 1989.

Seguirá vendiendo discos a pesar de su muerte

Selena es la cantante que está vendiendo más discos desde su muerte. Musicalmente era capaz de interpretar cualquier género musical, adaptándolo siempre a su particular estilo texano. Nacida en Lake Jackson, Texas, Selena empezó su carrera artística a la edad de 9 años con Abraham Quintanilla, Jr, (su padre y director de la banda original "Los Dinos"), de quien heredó el talento por la música. Selena cre-

Desde muy niña sabía que llegaría a ser una cantante famosa

ció rodeada de músicos y siguió la tradición familiar llamando a su banda "Selena y Los Dinos". La primera grabación del grupo tuvo lugar en 1983, seguido de otros que tuvieron poca aceptación a nivel comercial. Precisamente fue la falta de éxito inicial lo que le hizo desarrollar una base fuerte en su carrera musical. Selena empezó a triunfar en el año 1987, cuando recibió el premio a la "Mejor Vocalista Femenina" y "Ejecutiva del Año" de la Música Texana. Desde entonces, ha recibido premios de música texana en diferentes categorías año tras año. En 1993, Selena obtuvo el Premio Lo Nuestro como "Mejor Vocalista Femenina del Año, Mejor Canción del Año ("Como la Flor") y mejor Álbum del Año ("Entre a mi Mundo"), en la categoría de música mexicana.

Además, Selena recibió en 1994 un doble premio de Plata por el disco "Selena Live", que le fue otorgado por Musical y Radiofónica de Los Ángeles.

La carrera de Selena estaba creciendo increíblemente y recientemente había firmado un contrato con la compañía inglesa SBK.

Los cuatro álbums de EMI Latin han vendido aproximadamente un millón de copias en los Estados Unidos y en México se han vendido más de medio millón. Su último álbum, "Amor Prohibido", ha sido un gran éxito y ya se han vendido más de 500.000 ejemplares desde su lanzamiento en marzo.

El talento de Selena no tenía límite. Era una investigadora de emociones profundas, y una perfeccionista en sus ensayos, en los que daba todo de sí en canciones que siempre tenía su propio estilo coreográfico.

SELENA VIVIRÁ... ETERNAMENTE

FUE UNA REINA Y DEJÓ UN TRONO QUE NADIE PODRÁ OCUPAR...

SE FUE CUANDO aún le faltaban muchas cosas por hacer, como se han ido los grandes que aún siguen siendo ídolos…

Los medios de comunicación se volcaron ante la noticia y el público la acompañó hasta su última morada.

En dos o tres años logró lo que nadie convirtiéndose en la figura más importante de la música Tex-mex. Su trágica muerte y el amor que le profesa su público la eternizan…

Recordamos la muerte de **Pedro Infante, Elvis Presley, Marilyn Monroe, James Dean, John Lennon,** éste último asesinado también por un fanático, y sólo el tiempo y el público nos dirán lo que realmente fue **Selena** para sus seguidores…

Y habrá quienes intenten ocupar su sitio,

quienes piensen que "la competencia terminó", y la lucha es muy válida, pero la competencia apenas inicia, porque el público sabe respetar a sus ídolos y **Selena** nunca morirá mientras siga en el corazón de la gente.

Se ha convertido en mito, en leyenda, en "inmortal"…

Su talento no fue fabricado ni creado por la publicidad, su voz inconfundible y llena de matices seguirá escuchándose en muchos hogares aunque pase el tiempo, porque fue la reina… porque fue mucho más que una cantante… porque llenaba el escenario con su presencia… porque era y es.

ACTIVIDADES

A Comparte con tus compañeros de clase las emociones que sentiste al enterarte del trágico fin de la joven Selena.

B Explica por qué para mucha gente Selena fue una verdadera estrella de nuestra comunidad.

C Escribe un artículo corto para un periódico en el que describes las circunstancias de la muerte de Selena.

Actividades A, B y C
Las respuestas pueden variar.

CAPÍTULO 3

Nuestro conocimiento académico

La literatura

En nuestro curso de español vamos a estudiar a los autores que producen sus obras en castellano, o sea, en español, que es nuestro idioma. Nuestro estudio literario va a incluir obras de autores de España, de toda la América Latina y de los Estados Unidos. Si vamos a comentar un texto literario, además de analizar los personajes, el argumento, el tema, la estructura y el estilo, debemos saber a qué género literario pertenece la obra. Las obras literarias pueden dividirse en tres grandes géneros.

La lírica. En una obra lírica el autor expresa sus sentimientos. A este género pertenecen casi todas las obras en verso y algunas en prosa.

La narrativa. En una obra narrativa el autor relata unos hechos. Intercala los hechos con descripciones y diálogos o conversaciones entre sus personajes. La narrativa puede ser escrita en prosa o en verso.

El teatro. En una obra teatral el medio de expresión es el diálogo entre los personajes.

JUAN RAMÓN JIMÉNEZ

GUSTAVO ADOLFO BÉCQUER

La poesía

En esta lección vamos a estudiar la poesía. Estudiaremos la forma narrativa en la próxima lección.

¿Qué es poesía? Muchos confunden la poesía con el verso, pero no son lo mismo. El verso es una forma de emplear el lenguaje, y la prosa es otra forma. La poesía es la expresión de la belleza por medio del lenguaje artístico. La poesía puede ser en verso o en prosa. Aquí tenemos un ejemplo de poesía en verso.

¿Qué es poesía? —dices mientras clavas
En mi pupila tu pupila azul;
¿Qué es poesía? ¿Y tú me lo preguntas?
Poesía… eres tú.

"Rimas" de Gustavo Adolfo Bécquer

Sugerencias 1. Después de presentar las "Rimas" de Bécquer y "Platero y yo" de Jiménez, Ud. le puede leer a la clase varios fragmentos de obras en verso y en prosa. Los estudiantes indicarán si el fragmento es de poesía en verso o de poesía en prosa. **2.** Los estudiantes pueden preparar un informe corto sobre Bécquer y/o Jiménez.

Y aquí tenemos un ejemplo de poesía en prosa.

Platero es pequeño, peludo, suave: tan blando por fuera, que se diría de algodón, que no lleva huesos. Sólo los espejos de azabache de sus ojos son duros cual dos escarabajos de cristal negro.

Lo dejo suelto, y se va al prado, acaricia tibiamente con su hocico, rozándoles apenas las florecillas rosas, celestes y gualdas… Y lo llamo dulcemente: ¡Platero!… y viene a mí con un trotecillo alegre.

Platero y yo de Juan Ramón Jiménez

Lee el trozo del siguiente poema.

Yo he nacido en esos llanos
de la estepa castellana,
donde había unos cristianos
que vivían como hermanos
en república cristiana.

Me enseñaron a rezar,
enseñáronme a sentir
y me enseñaron a amar;
y como amar es sufrir,
también aprendí a llorar.

"La pedrada" de Gabriel y Galán

A cada una de las líneas del poema se le llama un verso. El poeta escribe los versos con mucho cuidado. Cada uno de ellos tiene un número fijo de sílabas. Es decir que tienen medida. ¿Cuántas sílabas hay en cada verso? ¿Has contado ocho? Cada serie de versos es una estrofa. Además, cada verso tiene colocados los acentos y las pausas de tal modo que tienen ritmo.

Yo he na<u>ci</u>do en esos <u>lla</u>nos
de la es<u>te</u>pa caste<u>lla</u>na
donde ha<u>bí</u>a unos cris<u>tia</u>nos
que vi<u>ví</u>an como her<u>ma</u>nos
en re<u>pú</u>blica cris<u>tia</u>na.

Muchas veces, pero no siempre, los versos terminan con sonidos iguales. Es decir que riman. Este fragmento tiene la siguiente rima.

............llan<u>os</u>	a
............caste<u>llana</u>	b
............cristi<u>anos</u>	a
............her<u>manos</u>	a
............cristi<u>ana</u>	b

ACTIVIDADES

Actividades

B **1.** dos; **2.** cinco; **3.** ocho; **4.** en la tercera y en la séptima; **5.** a-b-a-b-a

C La respuestas pueden variar.

D **1.** tres; **2.** la lírica, la narrativa y el teatro; **3.** La poesía y el verso no son lo mismo. La poesía es una expresión de belleza por medio del lenguaje artístico. La poesía puede ser en verso o en prosa. El verso es una forma de emplear el lenguaje. El verso tiene un número fijo de sílabas (medida) y muchas veces tiene rima y acentuación.

Nota En la sección *Nuestra creatividad*, los estudiantes van a escribir su propio poema.

A Expresión oral. Lee en voz alta el fragmento de "La pedrada" y el fragmento de *Platero y yo.*

B Estilo. Lee una vez más el fragmento de "La pedrada" y contesta las siguientes preguntas.
1. ¿Cuántas estrofas hay?
2. ¿Cuántos versos hay en cada estrofa?
3. ¿Cuántas sílabas hay en cada verso?
4. ¿En qué sílabas cae el acento en cada verso?
5. La rima de la primera estrofa es *a-b-a-a-b*. ¿Cuál es la rima en la segunda estrofa?

C Expresión escrita. Escribe estas dos estrofas de "La pedrada" en prosa. Haz cualquier cambio que consideres necesario.

D Hechos. Busca la siguiente información.
1. ¿Cuántos grandes géneros literarios hay?
2. ¿Cuáles son los géneros literarios?
3. ¿Cuál es la diferencia entre poesía y verso?

Tú y Ud.

El empleo de *tú* y *Ud.* varía mucho en el mundo hispano. En algunas regiones la gente tutea casi en seguida, mientras que en otros lugares son más formales y siguen tratándose de *Ud.* hasta que se establezca una relación más íntima. Entre los jóvenes, sin embargo, se usa *tú* casi universalmente. En algunas regiones de México y España, aun a los padres se les trata de *Ud.*

Letras mayúsculas

En español la letra inicial se escribe con mayúscula en los siguientes casos:

a. la primera palabra de una oración (un escrito)

Los alumnos llegan a la escuela a las ocho.

b. los nombres o sustantivos propios

Federico Grávalos vive en San Marcos, Tejas.

c. los nombres de instituciones

La Escuela Asenjo   **La Academia de Bellas Artes**

d. las abreviaturas

Sr. (Srta. Sra.) González

e. la letra inicial de los títulos de obras artísticas, científicas y literarias

Las lanzas   *La camisa de Margarita*

ACTIVIDADES

A Contesta. ¿Cuál es la práctica de *tú* y *Ud.* entre tus familiares y amigos? ¿A quiénes tuteas? ¿A quiénes no tuteas? ¿Sueles tutear en seguida o no?

B Escribe las siguientes oraciones correctamente.

1. los alumnos asisten al colegio hidalgo en monterrey, méxico
2. van a ver una exposición de rufino tamayo en el palacio de bellas artes
3. la tienda de abarrotes (la bodega) que más me gusta es hnos. delibes
4. vamos a ver la película *lo que el viento se llevó* en el cine rex
5. la sra. madero está leyendo *cien años de soledad* del colombiano gabriel garcía márquez

UNIVERSIDADES DEL MUNDO HISPANO

La primera universidad fundada en los Estados Unidos fue la Universidad de Harvard en 1636. Pero un siglo antes los españoles ya habían fundado la primera universidad de las Américas. Fue la Universidad de Santo Domingo fundada en 1538 a imitación de la salamantina, o sea, la famosa y prestigiosa Universidad de Salamanca en España, fundada en 1230. Así es que el idioma de las primeras conferencias pronunciadas por catedráticos universitarios en tierra americana fue el español.

Unos quince años después de la fundación de la Universidad de Santo Domingo se fundaron la Universidad de San Marcos en Lima, Perú, y la Universidad de México en la Ciudad de México. Ambas fueron establecidas en 1551.

Facultad y profesorado

En las universidades de España y de la América Latina, la palabra "facultad" tiene un significado muy distinto del significado de la palabra *faculty* en inglés. En España y la América Latina la universidad se divide en varias facultades—la facultad de medicina, la facultad de derecho, la facultad de filosofía y letras. La facultad es una "escuela" dentro de la universidad y el conjunto de profesores es el profesorado, no la facultad. Otra palabra que significa profesor de la universidad es "catedrático".

Licenciado

¿Has oído el término "licenciado"? En México y otros países latinoamericanos se usa el título "licenciado" al dirigirse a una persona que ha recibido su licenciatura. La licenciatura es semejante al *master's degree* en inglés.

EDIFICIO MODERNO, UNIVERSIDAD DE SANTO DOMINGO

CONSULTORIOS JURIDICOS POPULARES

Sugerencias Dígales a los estudiantes que describan una universidad en las cercanías de su pueblo o ciudad. Los estudiantes pueden tener una discusión sobre las ventajas de recibir una educación universitaria. Puede preguntarles a los estudiantes si quieren ir a la universidad o no. Pueden discutir los muchos tipos de trabajo que no requieren una preparación universitaria.

NUESTRA CULTURA 25

LA UNIVERSIDAD DE MÉXICO

LA UNIVERSIDAD DE SAN MARCOS, LIMA

ACTIVIDADES

Actividades

A **1.** la Universidad de Santo Domingo; **2.** 1538; **3.** 1551; **4.** 1551, el mismo año en que se fundó la Universidad de San Marcos

B **1.** En español la facultad es una "escuela" o división de la universidad. **2.** El profesorado es el conjunto de profesores o docentes. **3.** El licenciado o la licenciada es el título que tiene una persona que haya recibido un nivel de educación que equivale al *master's degree* en los Estados Unidos.

● **A Hechos.** Busca la siguiente información.

1. la universidad más antigua de este hemisferio
2. el año en que se estableció
3. el año de la fundación de la Universidad de San Marcos en Lima
4. el año de la fundación de la Universidad de México

● **B Explicación.** En tus propias palabras explica el significado de las siguientes palabras.

1. la facultad
2. el profesorado
3. el licenciado

● **C Aprendiendo más.** Hay muchos que creen que la universidad más antigua de las Américas es la Universidad de San Marcos en Lima pero ya hemos aprendido que no es correcto. ¿Cuál es la universidad más antigua? Hay muchos que creen que la universidad más antigua de España es la Universidad de Salamanca, pero eso tampoco es correcto. La Universidad de Salamanca fue fundada en 1230. La primera universidad de España es la Universidad de Palencia fundada en 1208.

EL HIMNO COTIDIANO
de Gabriela Mistral

INTRODUCCIÓN Gabriela Mistral (1889–1957) es, sin duda, la poetisa latinoamericana más renombrada del siglo veinte. Su verdadero nombre es Lucila Godoy Alcayaga. Ella nació en Vicuña, un pueblecito rural y pobre de Chile. Empezó en este mismo pueblo su carrera de maestra de escuela primaria. Gabriela Mistral pasó sus primeros años profesionales enseñando en escuelas primarias en áreas rurales de su país. Una escuela de Punta Arenas en el extremo sur de la aislada Patagonia lleva su nombre. Pasó unos años allí como directora de esta escuela.

La muerte trágica de su primer y único novio a una edad muy temprana dejó en la poetisa un sello de desolación y tristeza. Durante su vida Gabriela viajó por Latinoamérica, Estados Unidos y Europa. Fue delegada chilena a la Liga de Naciones. Durante toda su vida Gabriela Mistral fue amiga de los desvalidos y madre de todos los niños desamparados. Todo el dinero que recibió por una colección de sus poesías se lo dio a los niños vascos que se encontraron desamparados durante la Guerra Civil Española. En 1945 Gabriela recibió el gran honor de ganar el Premio Nóbel de literatura.

Aquí tienes el poema "El himno cotidiano" de Gabriela Mistral. ¿Puedes ver a esta querida maestra delante de sus niños en el aula de una escuela recitándoles este "himno"?

Sugerencia Después de leer la información en la Introducción, dígales a los alumnos que preparen una reseña o un esquema sobre la vida de Gabriela Mistral. Tienen que dar los datos salientes sobre los temas siguientes: lugar y fecha de su nacimiento, su carrera, sus premios, su vida personal y fecha de muerte.

LICEO GABRIELA MISTRAL, PUNTA ARENAS

El himno cotidiano

GABRIELA MISTRAL

En este nuevo día,
que me concedes, ¡oh, Señor!
Dame mi parte de alegría
y haz que consiga ser mejor.

Dame Tú el don de la salud,
la fe, el ardor, la intrepidez,
séquito de la juventud;
y la cosecha de verdad,
la reflexión, la sensatez,
séquito de la ancianidad.

Dichoso yo si, al fin del día,
un odio menos llevo en mí;
si una luz más mis pasos guía
y si un error más yo extinguí.

Y si por la rudeza mía
nadie sus lágrimas vertió,
y si alguien tuvo la alegría
que mi ternura le ofreció.

Sugerencia Es posible que Ud. quiera servirse de las siguientes preguntas para iniciar una discusión sobre el poema. ¿Cómo es posible ser mejor? ¿Qué puedes hacer para ser mejor? ¿Cuáles son los dones que la poetisa quisiera tener como joven? ¿Y como vieja? Para ti, ¿qué significa la fe? ¿El ardor? ¿La intrepidez? ¿La cosecha de verdad? ¿La reflexión? ¿La sensatez?

Da un ejemplo de un odio menos que pudiéramos llevar en nosotros. Da un ejemplo de una luz que pudiera guiar nuestros pasos, o sea, lo que hacemos. Da un ejemplo de un error que pudiéramos extinguir o corregir para mejorar el mundo.

ACTIVIDADES

Actividades

A Las respuestas pueden variar.
1. bueno(a); **2.** el don de la salud y el don de la alegría; **3.** si odia a una persona menos, si sigue el buen camino, si elimina o corrige una cosa falsa, injusta o errónea

B a-b-a-b

C **1.** conceder; **2.** conseguir; **3.** la intrepidez; **4.** la ancianidad; **5.** extinguir

D **1.** la alegría; **2.** mejor; **3.** la juventud; **4.** la verdad; **5.** el fin; **6.** la intrepidez; **7.** el odio

A Comprensión. Contesta.
1. ¿Cómo quiere ser el niño o la niña?
2. ¿Qué don quiere que Dios le dé?
3. ¿Cómo será dichoso?

B La rima. Determina la rima de la primera estrofa de este poema.

C Sinónimos. En el poema, busca el sinónimo de las siguientes palabras.
1. dar, otorgar
2. alcanzar, obtener
3. el valor, la osadía
4. la vejez
5. apagar

D Antónimos. En el poema, busca el antónimo de cada una de las siguientes palabras.
1. la tristeza
2. peor
3. la vejez
4. la mentira
5. el comienzo
6. la cobardía
7. el amor

NUESTRA CREATIVIDAD

USANDO LA COMPUTADORA

ACTIVIDADES

Actividades

A y B

Las respuestas pueden variar.

C Aquí tiene Ud. algunos ejemplos del tipo de poesía que pueden escribir los alumnos:

el invierno
frío y oscuro
la nieve cae
el invierno

el bebé
tierno y afectuoso
sonríe a papá
el bebé

● **A** **Gustos.** Prepara una lista de los cursos que estás tomando este semestre. Decide cuál es tu curso favorito. Luego, busca un(a) compañero(a) de clase a quien no le guste este mismo curso. Discutan entre Uds. Tú le explicarás por qué te gusta el curso y él o ella te explicará por qué no le gusta. Cada uno de Uds. tiene que defender su opinión.

● **B** **Intereses.** Piensa en una asignatura o materia que te interesa mucho y que quisieras seguir estudiando. Prepara una lista corta, o larga, de las ventajas que te puede traer en la vida el estudio de esta asignatura. Quizás te ayudará en tu trabajo o carrera futura, o quizás será una fuente de diversión durante tu vida de adulto(a).

● **C** **Expresión escrita.** Vas a escribir un poema. El poema que escribes no tiene que tener rima. Para escribir tu poema, haz lo siguiente:
  ► escribe un sustantivo
  ► escribe dos adjetivos que describan el sustantivo
  ► escribe una oración de sólo tres palabras
  ► escribe un sinónimo de tu primer sustantivo

● **D** **Expresión oral.** Ahora lee tu poema a la clase. Léelo con expresión y ten cuidado de pronunciarlo bien.

NUESTRAS DIVERSIONES

Es una buena idea leer el periódico todos los días para estar al tanto de lo que está pasando en el mundo y en tu localidad. Lee el artículo que apareció recientemente en el periódico *El Norte*, de Reynosa, México, "Niños asumen responsabilidad" y después lee el anuncio sobre un colegio en Coyoacán, México.

Niños asumen responsabilidad

Ayudan patrulleritos a cuidar a sus compañeros de escuela y evitar que sean atropellados

Por LUIS ANTONIO RIVERA

Aún sin terminar la primaria, niños entre 10 y 11 años, como patrulleritos de zona escolar ya tienen la responsabilidad de cuidar a sus compañeros de no ser atropellados al cruzar la calle en el camino a la escuela.

Como otros municipios del área metropolitana, la dirección de tránsito de San Nicolás tiene un programa de educación vial donde están inscritos 200 niños patrulleritos de diferentes escuelas.

Albino García Chávez, capitán de Tránsito de San Nicolás y jefe de Educación Vial, dijo que los requisitos para ser patrullerito es cursar el quinto o sexto grado de primaria, obtener buenas calificaciones y una intachable conducta.

Los niños, explicó, están en un programa de educación vial el cual comprende disciplina militar y actividades deportivas.

Agregó que el curso e inscripción son totalmente gratuitos y solamente acuden los sábados a las clases.

"Nunca se les deja solos en una zona escolar, tienen que estar apoyando a un oficial de tránsito.

Habrá algún niño, que es patrullerito, y de repente se pone a detener a los carros para que pasen sus compañeritos, pero eso no lo deben hacer", expresó.

García Chávez recordó que él también fue patrullerito cuando tenía unos diez años y ahora que es oficial de tránsito cumplió su ideal de la infancia.

La identificación de un patrullerito se observa en que utiliza una gorra cuartelera de color azul, con vivos blancos y en el pantalón del uniforme una franja blanca.

Tres niños patrulleritos entrevistados en la zona escolar de Santo Domingo y Las Puentes, coincidieron en que lo que más les gusta de su actividad es cuidar a los demás niños para que no sufran un accidente.

"Lo que me gusta es que cuido a todos y los ayudo a que no los atropellen o pase algo, de vez en cuando hacemos esto, a mí me gustaría ser Policía Federal de Caminos, mis papás me dicen que siga adelante", externó, Iván de Jesús Castro Macías, de 11 años.

"Aquí hay niños que se bajan y corren o se bajan de la banqueta y los camiones pasan muy cerquita, les decimos que se esperen, los de primero y segundo grado siempre se bajan y nosotros, aunque no estemos aquí, les decimos que no se bajen", expresó José Julián Rivera Camacho de 12 años.

"Me gusta cuidar a la gente que no se atraviese cuando los carros están pasando, para que no ocurran los accidentes, de grande me gustaría ser policía, de tránsito o judicial", comentó Oscar Israel Moreno San Miguel, de 11 años.

Discusión ¿Cuál es una responsabilidad que han asumido los alumnos de nuestra escuela?

Proyecto Haga que los estudiantes escriban un artículo para el periódico local sobre esta responsabilidad que han asumido.

COLEGIO ANGLO-MEXICANO DE COYOACÁN

Estamos a un paso del año 2000, ¿te has puesto a pensar si ya dominas el inglés? Si no, ¡estúdialo!

En el **COLEGIO ANGLO-MEXICANO DE COYOACÁN División Idiomas** te damos todo lo que necesitas para aprenderlo dentro de un ambiente que apoya tu creatividad y deseos de superación con vivencias reales, como si estuvieras en Estados Unidos, Europa o cualquier parte del mundo.

Estamos a la vanguardia en audiovisuales y contamos con lo más actual en México: laboratorio de inglés en computación, amplias instalaciones y estacionamiento.

No lo pienses más. En el **COLEGIO ANGLO-MEXICANO DE COYOACÁN**, hay un lugar para ti.

Ésta es la dirección:
H. Escuela Naval Militar 42,
San Francisco Culhuacán
(Casi esq. con Taxqueña)

Teléfonos:
689•06•36 o 544•66•53

ACTIVIDADES

● **A** ¿Cuál es la responsabilidad que asumen los niños de San Nicolás? ¿Cuáles son los requisitos que deben tener?

● **B** Lee el anuncio sobre el Colegio anglo-mexicano de Coyoacán, México, que apareció en la revista *Eres*. Según lo que ves en el anuncio, ¿crees que te gustaría asistir a este colegio? ¿Por qué?

CAPÍTULO 4

NUESTRO CONOCIMIENTO ACADÉMICO

LA LITERATURA

Narrativa en prosa: el cuento y la novela

El cuento y la novela tienen muchas características en común. La diferencia principal entre los dos es extensión y profundidad. La novela es más larga y por lo general más profunda que el cuento. Vamos a señalar las principales características que les son comunes.

Argumento. En el cuento y en la novela se narran unos hechos imaginados por el autor. Estos hechos son el argumento del cuento o de la novela.

Personajes y protagonistas. Los hechos suceden a unos personajes. Los personajes más importantes o principales son los protagonistas. La narración incluye diálogos o conversaciones que sostienen los personajes.

Lugar o ambiente. Los sucesos tienen lugar en determinados lugares o ambientes. Por eso figuran en la narración ciertas descripciones de esos ambientes.

El cuento

El argumento del cuento suele ser muy sencillo. El cuento tiene sólo uno o dos personajes. Es muy escasa la descripción de los lugares o ambientes.

La novela

La novela es más larga que el cuento y el argumento es más desarrollado. El asunto

Sugerencias Pregúnteles a los estudiantes si han leído algunos cuentos o novelas. Pregúnteles cuáles. Haga que los estudiantes expliquen en sus propias palabras la diferencia entre un cuento y una novela.

suele ser verosímil. Es decir que los hechos podrían haber ocurrido. En la novela el autor nos presenta las acciones de sus personajes y nos hace entender su carácter—lo que sienten y cómo piensan. Lo logra por medio de descripciones y diálogos. El novelista da a conocer el comportamiento de los personajes que participan en la acción.

La novela incluye también descripciones del ambiente social y natural. El novelista describe a sus lectores la sociedad y la naturaleza en que viven los personajes de la novela.

UNA LIBRERÍA, OAKLAND, CALIFORNIA

ACTIVIDADES

A Significado. Da una definición de las siguientes palabras.
1. el argumento
2. el personaje
3. el protagonista
4. el ambiente
5. verosímil

B Explicación. En tus propias palabras explica la diferencia entre un cuento y una novela.

C Aprendiendo más. En una narración realista los personajes, los lugares que se presentan y los hechos que ocurren son verdaderos o podrían serlo, aunque sea una obra ficticia. Pero en una narración fantástica, los personajes, ambientes y hechos no existen ni podrían existir en la realidad.

Vas a completar la oración que sigue. Pero antes, tienes que saber lo que es un prefijo, porque vas a usar un prefijo en tu respuesta. Un prefijo se pone al principio de una palabra para cambiar su sentido o significado. El prefijo *in-*, por ejemplo, significa *no*:

| experto | in-experto | inexperto |
| capaz | in-capaz | incapaz |

Ahora completa la oración.

La narración realista contiene hechos _____ y la narración fantástica contiene hechos _____.

Nuestro idioma

Vosotros

1. *Vosotros* es la forma plural de *tú*—*vosotros miráis, estudiáis, cantáis.* El uso de *vosotros* se limita a varias regiones de España.

2. Para nosotros es importante reconocer la forma de *vosotros* porque la vamos a encontrar en muchas obras literarias. De ninguna manera es necesario usar la forma de *vosotros* porque aunque es de uso corriente en muchas partes de España, se considera arcaica en toda la América Latina.

El voseo

En varios países latinoamericanos, sobre todo en Uruguay, Paraguay y Argentina, y también en Guatemala, Nicaragua y Costa Rica, no se usa *tú* sino *vos*. La terminación que se emplea con *vos* es *-ás: Vos hablás, estudiás, cantás.*

Ortografía

1. El alfabeto se divide en vocales y consonantes. Las vocales son *a, e, i, o, u* y a veces *y.* Todas las otras letras son consonantes. Afortunadamente la lengua española es una lengua fonética y la palabra se escribe como suena. Por consiguiente la ortografía es bastante sencilla. Pero hay algunos sonidos y letras que nos causan problemas y son éstos los que vamos a estudiar detenidamente.

Aquí citamos sólo los verbos en *-ar* para los estudiantes que están usando *Bienvenidos* también. (Es en esta lección donde se presentan las formas plurales de los verbos en *-ar.*) Otras formas de *vos* son *comés, leés, vivís, escribís,* etc.

Será necesario reintroducir la ortografía de palabras con *v* y *b* con frecuencia.

¿SE ESTARÁN VOSEANDO?
GALERÍAS PACÍFICO, BUENOS AIRES

2. En nuestra lengua, la pronunciación varía mucho según la zona donde vivamos. Según la fonética española, la *v* y la *b* se pronuncian con el mismo sonido pero hay personas que según su región de residencia las diferencian. Aunque en el lenguaje oral no hay diferencia entre la *v* y la *b* en la mayoría de las regiones, en el lenguaje escrito es evidente. Hay palabras que se escriben con *b* y hay otras que se escriben con *v*: *b* de *burro* y *v* de *vaca*. Para no parecer inculto, es necesario saber escribirlas bien. Estudia las siguientes palabras.

V		B	
vive	nieva	bebe	bote
vivimos	bravo	bebemos	barco
vuelo	activo	búho	busto
vino	estuvo	bicicleta	estaba
cueva	nave	cabra	busca
víbora	vasto	bolsa	basta
nuevo		bola	

ACTIVIDADES

Actividades

A Las respuestas pueden variar.

B Lea cada oración. Espere mientras los estudiantes la escriban. Antes de recoger los papeles, lea todas las oraciones una vez más para que los estudiantes tengan la oportunidad de revisar su trabajo.

C 1. botar: arrojar, tirar, echar fuera (con violencia); votar: dar su voto en una elección; 2. basto: grosero, tosco; vasto: espacioso, muy grande; 3. bello: hermoso, bonito; vello: pelo corto, pelusilla que tienen las frutas y plantas; 4. barón: título de nobleza en algunos países; varón: hombre, criatura de sexo masculino; 5. tubo: pieza cilíndrica hueca, canal o conducto natural; tuvo: forma del verbo *tener* (pretérito)

A Explica a la clase de dónde eres o de qué ascendencia eres. Explica si has usado o si has oído la forma de *vosotros*. Si la has oído, explica dónde. Entre tu familia y tus amigos, ¿hay gente que usa la forma de *vos* en vez de *tú*? ¿De dónde son?

B Aprende lo siguiente para un dictado.
1. La nave lleva pasajeros bolivianos.
2. El vino estaba en la cueva.
3. Nieva en invierno, no en verano.
4. No beben vino de una botella.
5. La nave estuvo en Bilbao.
6. No vivimos en un bote nuevo.
7. Vamos a ver los búhos y las víboras.
8. No va a haber problema.
9. No va a ver la vaca.
10. Veo una abeja y una oveja.

C Las palabras homófonas se pronuncian de la misma manera o muy parecida pero se escriben de forma diferente. En el diccionario busca una definición de las siguientes palabras homófonas.
1. botar   votar
2. basto   vasto
3. bello   vello
4. barón   varón
5. tubo   tuvo

Nuestra cultura

Días laborables y días festivos

Sugerencia Haga que los estudiantes que conozcan las fiestas den una descripción de dicha fiesta en sus propias palabras.

EL DÍA DE LA INDEPENDENCIA, MÉXICO, D.F.

En los Estados Unidos no hay clases los sábados. Pero, ¿te sorprende aprender que en España y en muchos países latinoamericanos los alumnos tienen clases los sábados por la mañana? Pues sí, las tienen porque el concepto del fin de semana o "weekend" es más bien anglosajón que hispano. Es verdad que los alumnos y los trabajadores no suelen tener sus dos días de descanso a la semana. Pero tienen muchos días de fiesta. Y en los días festivos o feriados no hay clases ni trabajo.

El 16 de septiembre

Los mexicanos celebran el día de la Independencia el 16 de septiembre. A las once de la noche del 15 de septiembre, en todas las plazas de México se repite "el grito" para conmemorar el grito que dio el humilde sacerdote Miguel Hidalgo. El padre Hidalgo se sublevó contra los españoles y con un puñado de indios dio "el grito de Dolores" en el pueblecito de Dolores: "Viva Nuestra Señora de Guadalupe y mueran los gachupines". Con este grito estalló la guerra de la Independencia contra España en 1810. El día 16 de septiembre, y sólo ese día, suena la campana de la iglesia parroquial del buen padre Hidalgo.

El 5 de mayo

Si el día 16 de septiembre es el día de la Independencia de México, también es importante el 5 de mayo. Las celebraciones del cinco de mayo conmemoran la victoria de las tropas mexicanas contra las tropas

Tienen lugar en la playa misma donde todos cantan, bailan merengue o salsa y toman meriendas. Y a la medianoche de la víspera de San Juan, ¿dónde están todos? ¿En casa durmiendo? ¡De ninguna manera! Están en el mar. A la medianoche del día de San Juan hay que estar en el agua.

FIESTA, SAN ANTONIO, TEJAS

francesas en Puebla en el año 1862. El cinco de mayo se celebra también en Tejas. Hay música, bailes, buena comida y otros eventos culturales de índole mexicana. Muchos tejanos creen erróneamente que están celebrando la independencia de México, pero ése no es el caso. El día de la Independencia, como sabemos, se celebra en México el 16 de septiembre.

El día de San Juan

En San Juan de Puerto Rico celebran el día de San Juan. Claro que San Juan es el santo patrón de la capital puertorriqueña. La fiesta de San Juan es una fiesta móvil. Se celebra generalmente el día 20 o 21 de junio. Es siempre el día más largo del año. ¿Y dónde tienen lugar las festividades?

DESFILE PUERTORRIQUEÑO, NUEVA YORK

ACTIVIDADES

● **A Expresión escrita.** ¿Qué opinas? ¿Es mejor tener el fin de semana libre o debe trabajar la gente? En uno o dos párrafos, defiende tu opinión.

● **B Fiestas.** Da una breve descripción de una fiesta importante o popular que celebra la gente donde tú vives.

NUESTRA LITERATURA

UNA MONEDA DE ORO
de Francisco Monterde

INTRODUCCIÓN Francisco Monterde nació en México en 1894. Era poeta, dramaturgo, novelista y cuentista. En su colección de cuentos titulada *El temor de Hernán Cortés* publicada en 1943, Monterde presenta un estudio serio de la historia de su querido México.

Aquí tenemos el cuento "Una moneda de oro". No es el cuento más famoso del autor pero es un cuento sencillo y tierno. El autor nos mantiene en suspenso mientras nos describe la pobreza mexicana, narrando con ternura lo que le pasó a una familia pobre en la feliz temporada navideña.

Haga que los estudiantes den una definición de poeta, dramaturgo, novelista y cuentista.

Una moneda de oro

PAISAJE MEXICANO, IXTAPA

Aquella Navidad fue alegre para un pobre: Andrés, que no tenía trabajo desde el otoño.

Atravesaba el parque, al anochecer, cuando vio, en el suelo, una moneda que reflejaba la luz fría de la luna. De pronto, creyó que era una moneda de plata; al cogerla, sorprendido por el peso, cambió de opinión: "Es una medalla, desprendida de alguna cadena", pensó. Hacía mucho tiempo que no tenía en sus manos una moneda de oro, y por eso había olvidado cómo eran. Hasta que, al salir del parque pudo examinarla en la claridad, se convenció de que, realmente, era una moneda de oro.

Palpándola, Andrés comprendía por qué los avaros amontonan tesoros, para acariciarlos en la soledad. ¡Era tan agradable su contacto!

Con la moneda entre los dedos, metió la mano derecha en el bolsillo del pantalón. No se decidía a soltar en él la moneda, por temor a perderla, como el que la dejó en el parque, el que la había poseído antes que él. De seguro no era un pobre, pensó: los pobres rara vez tienen monedas de oro. Sería rico y aquella moneda pasaría inadvertida para él, que tendría otras muchas monedas

Sugerencias Haga preguntas de comprensión tales como: ¿Cómo se llama el señor? ¿Cómo era? ¿Desde hace cuándo no tenía trabajo? ¿Qué atravesaba? ¿Cuándo? ¿Y qué vio?

Pídales a los estudiantes que den definiciones de las siguientes palabras: gratificar: (dar gracias); cerciorarse: (asegurarse de la seguridad de una cosa); apresurado: (con prisa); rumbo a: (camino de, en dirección de); tranquilizarse: (calmarse); derrotado: (cansado y destrozado, agotado y vencido).

iguales. Y Andrés reflexionó, como un personaje de relato ejemplar, que si supiera quién la había perdido, rico o pobre, le devolvería la moneda, aunque no lo gratificara.

Cuando soltó la moneda, después de cerciorarse de que el bolsillo no tenía agujeros, estaba tibia, como si tuviera vida propia.

Mientras Andrés caminaba apresurado, rumbo a su casa, la moneda de oro saltaba alegremente en el bolsillo; pero como no tenía compañeros que la hicieran sonar al tocarla, su alegría era silenciosa.

Una duda asaltó a Andrés: ¿No sería una moneda falsa? Se detuvo en la esquina, y volvió a examinarla, al pie de un farol. Vio sus letras, bien grabadas; la hizo sonar. La apariencia y el timbre—claro, fino—casi le devolvieron la tranquilidad. Para tranquilizarse por completo, estuvo a punto de entrar en una tienda, comprar algo y pagar con la moneda de oro. Si la aceptaban, indudablemente era buena, si no…; pero era mejor mostrarla a alguien que le dijera la verdad. Andrés prefirió llevar la moneda a su casa.

El camino le pareció menos largo que otras noches, en que volvía derrotado en la lucha por encontrar empleo, porque ahora pensaba en la sorpresa que causaría a su mujer, cuando le enseñara la moneda de oro.

Su casa—dos piezas humildes—estaba oscura y vacía, cuando él llegó. Su mujer había salido, con la niña, a entregar la ropa que cosía diariamente.

Encendió una luz y se sentó a esperarlas, junto a la mesa sin pintura. Con una esquina del mantel a cuadros rojos frotó la moneda, y cuando oyó cercanas las voces de su mujer y de su hija, la escondió debajo del mantel.

La niña entró por delante, corriendo; él la tomó en brazos, la besó en la frente y la sentó sobre sus piernas. La mujer llegó después; su cara tenía una expresión triste:

—¿Conseguiste algo?… Yo no pude comprar el pan, porque no me pagaron la costura que llevé a entregar…

En vez de contestar, Andrés, sonriente, levantó la punta del mantel.

La mujer vio con asombro la moneda y la tomó en sus manos. Andrés temió que fuera a decir: "Es falsa", pero ella sólo dijo:

—¿Quién te la dio?

—Nadie. La encontré.

Y refirió la historia del hallazgo. Para explicarlo mejor, colocó la moneda en el piso y retrocedió unos pasos.

—Yo venía así, caminando…

La niña se apresuró a coger la moneda, la puso sobre la palma de la mano izquierda, extendida; la arrojó al aire; y la hizo rodar por el suelo. Andrés se la arrebató, entonces, temeroso.

—¡Cuidado, no vaya a irse por una rendija o por un agujero…!

Ejercicio 1. Describe la casa de Andrés. 2. ¿Por qué no estaba su mujer cuando regresó Andrés? 3. ¿Qué hizo él con la moneda? 4. ¿Qué hizo Andrés cuando vio a su hija? 5. ¿Cuál fue la pregunta que le hizo su mujer?

Guardó la moneda en uno de los bolsillos del chaleco y se sentó junto a la mesa.

—¿Qué compramos con ella?

—Hay que pagar… ¡Debemos tanto…!—suspiró la mujer.

—Es verdad; pero recuerda que hoy es Nochebuena. Tenemos que celebrarla. ¿No te parece?

La mujer se oponía a ello. Deberían pagar, antes… Andrés, malhumorado, se quitó el saco y el chaleco y los colgó en el respaldo de la silla.

—Está bien—dijo—pasaremos la Nochebuena sin cenar, a pesar de que tenemos una moneda de oro.

Conciliadora, la mujer repuso:

—Podrías ir a comprar algo; guardaremos lo demás.

Andrés aceptó. Volvió a ponerse el chaleco, el saco y salió de su casa.

Ejercicio 1. Andrés se enfadó un poco. Explica por qué. **2.** ¿En qué consintió su mujer? **3.** ¿Adónde fue Andrés? ¿Qué hizo? **4.** ¿Cuándo se dio cuenta de que no tenía la moneda?

En la calle tropezó con Pedro, su vecino.

—¿Adónde vas…? ¿Quieres venir a tomar algo conmigo?

Andrés aceptó. Después de beber y charlar un buen rato, se despidió de Pedro y siguió hacia la tienda. ¿Compraría sólo alimentos para esa noche o también dulces y algún juguete para la niña?

Comenzó a pedir los alimentos. Cuando el paquete estuvo listo, Andrés buscó la moneda, primero en el pantalón, después en el chaleco; pero la moneda de oro no estaba en ninguno de sus bolsillos. Acongojado, la buscó en todos, nuevamente—en el pantalón, en el chaleco, en el saco—sin encontrarla. Cuando se convenció de que ya no la tenía, se disculpó del dependiente y salió de la tienda.

En pocos minutos recorrió angustiado las calles que lo separaban de su casa. Al entrar, vio a la niña dormida, con la cabeza entre los brazos, sobre la mesa, y a su mujer, sentada junto a ella, cosiendo. No se atrevía a decir la verdad. Al fin, murmuró:

—La moneda…

—¿Qué?

—… Se me perdió.

—¡Cómo!

La niña sobresaltada, abrió los ojos, bajó los brazos y entonces se oyó, bajo la mesa, el fino retintín de la moneda de oro.

Andrés y su mujer, riendo como locos, se inclinaron a recoger la moneda, que la niña había escamoteado mientras el chaleco estaba colgado en la silla.

Sugerencia Haga que los estudiantes expliquen lo que había pasado a la moneda y cómo la encontró Andrés.

ACTIVIDADES

Actividades A–G
Las respuestas pueden variar.

Sugerencia Pídales a los estudiantes lo que hace el autor para señalar la pobreza en la que vive la humilde familia de Andrés.

A Estilo. Lee de nuevo la primera oración del cuento. En una sola oración el autor nos da mucha información. ¿Qué aprendemos en esta primera oración del cuento?

B Hechos. Busca la siguiente información en el cuento.
1. el nombre del protagonista
2. su situación económica
3. lo que encontró
4. dónde la encontró
5. cuándo la encontró
6. el número de personas en la familia del protagonista

C Descripción narrativa. Contesta.
¿Cómo describe el autor la casa de Andrés? ¿Qué hay en la casa?

D Suspenso. Describe el suspenso que crea el autor. ¿Cómo lo crea?

E Interpretación. Contesta.
¿Por qué crees que la acción del cuento tiene lugar en la temporada de Navidad?

F Clímax. Contesta.
¿Cuál es el clímax del cuento? ¿Tiene un fin alegre o triste? ¿Por qué?

G Palabra clave. En la última oración del cuento la palabra *escamoteado* es importante para la comprensión. Tenemos que saber lo que significa esta palabra para darnos cuenta de lo que había pasado. ¿Qué significa la palabra *escamoteado*?

Nuestra Creatividad

Actividades A, B y C
Las respuestas pueden variar.

A Actividad cooperativa. Trabajando con un grupo de tres o cuatro personas, discutan algunas fiestas que Uds. celebran. Luego escojan una que Uds. encuentran muy placentera y agradable. Preparen juntos un reportaje sobre la fiesta. Prepárense para presentar su reportaje a los otros miembros de la clase. En su reportaje, incluyan los siguientes detalles:

el nombre de la fiesta
la fecha para la fiesta
el sitio donde tiene lugar
por qué se celebra

los eventos que tienen lugar
la descripción de los eventos
las influencias culturales en los
   eventos

B Desfiles. En la ciudad de Nueva York, hay muchos desfiles en que participan los miembros de muchos grupos culturales que viven en esta gran ciudad. Hay un desfile para celebrar el día de los puertorriqueños, el día de los dominicanos, etc. ¿Hay desfiles donde tú vives? Si los hay, ¿quiénes toman parte en ellos? ¿Cuándo tienen lugar? ¿Por qué tienen lugar? Describe un desfile.

DÍA DE FIESTA, SANTA FE, NUEVO MÉXICO

Los estudiantes más dotados deben escribir su propio cuento. Si hay estudiantes que necesiten más ayuda, pueden trabajar en un pequeño grupo cooperativo y escribir su cuento colectivamente. Permítales a algunos voluntarios que lean su cuento a la clase.

C Un cuento. Vas a escribir un cuento. Para escribirlo, vas a seguir este esquema:

Protagonista: Dale un nombre a tu protagonista. Explica quién es.

Descripción: Describe a tu protagonista. Explica cómo es.

Lugar o ambiente: Di de dónde es el (la) protagonista. También indica dónde tiene lugar la acción de tu cuento.

Descripción: Da una descripción del lugar. Puedes describir la casa del protagonista, su pueblo o su ciudad—todo lo que sea importante para el desarrollo de la acción de tu cuento.

Argumento: Di lo que hace el (la) protagonista. Explica lo que sucede.

Descripción: Déjanos saber cómo es la actuación del (de la) protagonista y cómo sucede u ocurre.

Clímax: Explica lo que pasa al final y cómo termina la acción.

Lee este anuncio para lecciones de baile.

Aprenda A Bailar en 1 Hora

Como toda persona creativa Víctor Jinete, mejor conocido como "VIC THE KID" es un experto en el baile, la fotografía y en los últimos años como productor y cantante.

DISCO

◆

SALSA

◆

MERENGUE

"Hola yo soy JOJO de El Lente Loco también estudiante de Víctor y no solamente he encontrado una forma nueva de aprender a bailar sino una forma de mantenerme en buena salud a través del baile; se lo recomiendo a todos".

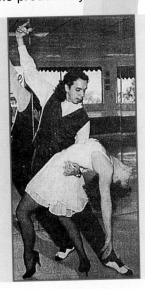

Sus talentos profesionales le han ganado premios en el baile, oportunidades en la televisión y el cine, haciéndole más conocido en todas partes del mundo artístico.

Víctor Jinete les trae un nuevo sistema para aquellas personas que aún no saben bailar disco, salsa y merengue. Así es que toda persona sea hombre o mujer de cualquier edad puede aprender a bailar con "VIC THE KID".

Para más información sobre este nuevo sistema de baile llame al 888-6607 o deje un mensaje 883-1269.

ACTIVIDADES

Sugerencia Ud. puede usar los mejores anuncios para decorar el tablón de anuncios.

A ¿A ti te gustaría tomar lecciones de baile después de las clases? ¿Te gusta bailar? ¿Qué bailes conoces? ¿Tiene tu escuela bailes para los alumnos? ¿Cómo son? ¿Te gusta asistir a estos bailes o no?

B Prepara un anuncio para una revista o un periódico local sobre un gran baile que va a tener lugar en tu escuela. Da todos los detalles necesarios: día, fecha, hora, lugar, ocasión, etc.

CAPÍTULO 5

Nuestro conocimiento académico

Finanzas

Hay un verso de un poema español de Quevedo que dice "Poderoso caballero es don dinero". Desgraciadamente parece ser la verdad. Los asuntos financieros nos ocupan siempre. Y hay toda una terminología que tenemos que saber para comprender las finanzas. Para mantener en orden el funcionamiento del hogar es aconsejable establecer un presupuesto.

SE PUEDE PAGAR A PLAZOS, MÉXICO, D.F.

Presupuesto

Un presupuesto, si lo seguimos, nos asegura que los egresos no van a exceder los ingresos. Los egresos son los gastos mensuales que tenemos que pagar: la comida, las facturas para la luz, el gas, la hipoteca o el alquiler, etcétera. Los ingresos son: las rentas y el dinero que recibimos. Para la mayoría de nosotros los ingresos, o nuestras rentas, vienen del sueldo o salario que recibimos por el trabajo que hacemos. Algunos, los más adinerados, reciben también intereses de sus cuentas de ahorros en el banco y dividendos de sus inversiones tales como bonos o títulos municipales y acciones de la Bolsa de Valores. Lo más importante del presupuesto es que al fin del mes podamos conciliar el saldo sin tener un déficit—más gastos (egresos) que rentas (ingresos).

Compras a plazos

A veces queremos comprar algo a plazos. Al comprar algo a plazos tenemos que hacer un pago inicial en forma de cheque o en efectivo que es un pronto o un adelanto. El resto—la diferencia entre el costo o precio del artículo y el pronto—es lo que nos queda a pagar a plazos. Hay que tener

El objetivo de esta lectura es el de asegurar que los estudiantes dominen el vocabulario esencial para leer artículos o entablar conversaciones sobre el tema de las finanzas. Los términos más importantes son: finanza, financiero, presupuesto, egresos, ingresos, gastos, rentas, factura, sueldo, interés, dividendo, cuenta, cuenta corriente, ahorros, inversión, bono, título, acción, Bolsa de Valores,

BANCO ZARAGOZANO,
MADRID, ESPAÑA

Nota El uso de la palabra *talonario* es más corriente en España que en Latinoamérica.

mucho cuidado porque la tasa de interés puede ser muy alta, hasta el 18 por ciento. Así nuestra compra nos puede costar mucho más de lo que habíamos pensado. Es necesario investigar y ser un consumidor inteligente.

Préstamos

A veces tenemos que pedir un préstamo al banco. Pedimos préstamos (pedimos prestado dinero) para comprar un carro o una casa, por ejemplo. Al préstamo que recibimos para comprar una casa se le llama hipoteca. Una hipoteca es un préstamo a largo plazo—es a largo plazo porque el deudor tiene que hacer pagos por un plazo de 25 o 30 años. Un préstamo para comprar un carro es un préstamo a corto plazo porque, por lo general, es por un plazo de sólo tres años. La tasa de interés suele ser más alta para un préstamo a corto plazo que para un préstamo a largo plazo.

Cuentas del banco

Para pagar sus facturas mucha gente prefiere tener una cuenta corriente en el banco. Es mucho más conveniente pagar con cheque que pagar en efectivo. Hay que depositar dinero en la cuenta. Después podemos escribir cheques contra el saldo de la cuenta. El banco nos provee de una chequera o talonario por un cargo nominal. La chequera contiene cierta cantidad de cheques. Una vez al mes el banco nos manda un estado bancario. Al recibir el estado es necesario conciliar el saldo para verificar que estamos de acuerdo con el banco; es decir, que no hay ninguna diferencia entre el saldo que tiene el banco y el saldo que nosotros tenemos en la chequera. Cada vez que escribimos un cheque tenemos que restar el monto del cheque del saldo corriente.

Además de *pronto* y *adelanto* se oye en varias regiones *el pie. El pie* es sinónimo de *el pronto* o *pago inicial. El anticipo* es el dinero que se da por un servicio anticipado. *El anticipo* en muchas regiones es sinónimo de *adelanto.* Se oye también *el tipo de interés* en vez de *la tasa de interés.*

conciliar, saldo, déficit, a plazos, pago inicial (pronto, adelantado), tasa de interés, por ciento, préstamo, hipoteca, a largo plazo, a corto plazo, deudor, cheque, en efectivo, depositar, chequera (talonario), cargo, estado bancario, restar, el monto.

ACTIVIDADES

EL ARCIPRESTE DE HITA

A Un diccionario financiero. Da la palabra cuya definición sigue.

1. un plan que proyecta nuestros gastos y rentas
2. el dinero que gastamos, que tenemos que pagar
3. el dinero que recibimos
4. el dinero que recibimos por nuestro trabajo
5. el dinero que se pide prestado a un banco para comprar una casa
6. lo que paga el banco sobre una cuenta de ahorros
7. la cuenta bancaria que nos permite escribir cheques
8. el pago inicial que tenemos que hacer, con cheque o en efectivo, cuando hacemos una compra a plazos
9. el dinero que nos queda en una cuenta
10. lo que paga una compañía o empresa a sus accionistas, a los que tienen acciones en la empresa
11. donde se comercian las acciones, la más grande de este país está en Wall Street, en la ciudad de Nueva York
12. un estado que nos manda el banco
13. el libro que nos provee el banco; contiene cheques

B Un presupuesto. Prepara un presupuesto personal para el mes entrante.

C Aprendiendo más. El Arcipreste de Hita nació en España en la primera mitad del siglo XIII. Escribió un libro famoso titulado *El libro de buen amor.* En un fragmento de su poema, habla del dinero. Lee esta estrofa interesante y luego comenta si estás de acuerdo con lo que dice este señor del siglo XIII.

EJEMPLO DE LA PROPIEDAD QUE EL DINERO HA

Mucho hace el dinero y mucho es de amar;
Al torpe hace bueno y hombre de prestar,
Hace correr al cojo y al mudo hablar;
El que no tiene manos dineros quiere tomar.
Sea un hombre necio y rudo labrador;
Los dineros le hacen hidalgo y sabedor,
Cuanto más algo tiene, tanto es de más valor;
El que no ha dineros, no es de sí señor.

Actividades

A 1. un presupuesto; **2.** los gastos, los egresos; **3.** los ingresos, las rentas; **4.** el sueldo, el salario; **5.** una hipoteca; **6.** intereses; **7.** la cuenta corriente; **8.** el pronto, el adelanto; **9.** el saldo; **10.** dividendos; **11.** la Bolsa de Valores; **12.** el estado bancario; **13.** la chequera, el talonario

B y C

Las respuestas pueden variar.

El verbo

1. El verbo es la parte de la oración que expresa una acción o estado.

ACCIÓN:	Él *lee* y sus hermanos *escriben.*
	Yo *toco* el piano y mis amigos *cantan.*
ESTADO:	Ellos *están* en la escuela.
	Parecen inteligentes.

Sugerencia Al presentar la explicación (2), dígales a los estudiantes que le den otros verbos de la primera, segunda y tercera conjugaciones.

2. En español hay verbos regulares y verbos irregulares. Los verbos regulares siguen un patrón fijo. Se dividen en tres clases o conjugaciones: la primera, la segunda y la tercera. Los verbos cuyos infinitivos terminan en *-ar* pertenecen a la primera conjugación, los que terminan en *-er* pertenecen a la segunda y los que terminan en *-ir* pertenecen a la tercera conjugación. Estudia las formas de los verbos regulares en el presente.

	MIRAR	COMER	VIVIR
yo	miro	como	vivo
tú	miras	comes	vives
él, ella, Ud.	mira	come	vive
nosotros(as)	miramos	comemos	vivimos
vosotros(as)	miráis	coméis	vivís
ellos, ellas, Uds.	miran	comen	viven

En la pizarra (el pizarrón) escriba los verbos e indique el morfema lexical y el morfema gramatical.

3. Las formas verbales constan de morfema lexical y morfema gramatical. Estudia los siguientes ejemplos.

canta	canto	cantan	cantamos
come	como	comen	comemos
escribe	escribo	escriben	escribimos

La parte fija del verbo, o raíz, es el morfema lexical. El morfema lexical contiene el significado del verbo: *cant-, com-, escrib-.*

Los morfemas gramaticales son las partes variables, las que cambian y nos informan sobre la persona, el número y el tiempo. Observa.

	LA PERSONA	EL NÚMERO	EL TIEMPO
come	tú	singular	presente
comemos	nosotros	plural	presente

El sustantivo

1. Ya sabemos que la gran mayoría de los sustantivos que terminan en -o son masculinos y los que terminan en -a son femeninos.

2. Hay un grupo de sustantivos femeninos que empiezan con a (ha) acentuada. Aunque estos sustantivos son femeninos, van acompañados del artículo masculino el por lo difícil que es pronunciar dos aes consecutivas cuando la segunda va acentuada.

el agua	las aguas tranquilas
el hacha	el hacha pequeña

3. Hay también algunos sustantivos que cambian de significado según su género.

el capital	el monto de las inversiones y rentas financieras
la capital	la ciudad que sirve de sede del gobierno
el cólera	una enfermedad
la cólera	la ira

Ejercicio Completa con *el* o *la*.
1. Tiene que aprender ___(el)___ orden alfabético.
2. El me dio ___(la)___ orden y tengo que hacer lo que quiere.
3. Las hermanas del Sagrado Corazón pertenecen a ___(la)___ orden religiosa.
4. ¿Cuál es ___(la)___ capital de España?
5. No tienen ___(el)___ capital suficiente para el proyecto.
6. ___(La)___ coma separa una lista de palabras en la oración.
7. ¿Quién te dio ___(el)___ corte de pelo?
8. Llevaron al criminal a ___(la)___ corte.
9. ___(El)___ cólera es una enfermedad epidémica. .

ACTIVIDADES

Actividades

A y C
Las respuestas pueden variar.

B 1. El águila pequeña no es bonita. 2. El arma de fuego es del agente de policía. 3. El hacha es del bombero. 4. El agua salada es del mar. 5. El agua dulce es del lago.

A El morfema lexical del verbo nos da su significado. Empleando los siguientes morfemas, escribe oraciones en el tiempo presente.

1. com- 3. viv- 5. comprend-
2. escrib- 4. recib- 6. toc-

B Forma oraciones según el modelo.

agua/salado/potable
El agua salada no es potable.

1. águila/pequeño/bonito 3. hacha/bombero
2. arma de fuego/agente de policía 4. agua/salado/mar
  5. agua/dulce/lago

C Escribe una oración con cada una de las siguientes palabras.

1. ala 3. áreas 5. hadas
2. alma 4. ama de casa 6. arpa

Costumbres que cambian

Nosotros llegamos a la escuela por la mañana. Y aquí pasamos casi todo el día. No volvemos a casa a tomar el almuerzo. Almorzamos en la cantina o la cafetería de la escuela, ¿no es cierto? También cuando nuestros padres van al trabajo, es raro que vuelvan a casa para almorzar. Es raro que una familia en los Estados Unidos se reúna para almorzar. Pero hasta recientemente no era así en los países hispanohablantes. En España y en la América Latina la gente volvía a casa para almorzar. La familia se reunía para el almuerzo, que era la comida principal del día. Después del almuerzo, todos tomaban una siesta y luego volvían al trabajo. Y trabajaban hasta las siete o siete y media de la tarde. Y la cena era una comida más ligera: una sopita, un bocadillo o una ensalada.

El tráfico

Pero todo esto está cambiando. Como en los Estados Unidos, la gente está comiendo en la cafetería de la escuela o de la empresa donde trabajan. Si no comen en la cafetería, van a un restaurante o a un café cerca del lugar de su trabajo. ¿Por qué no siguen volviendo a casa para almorzar? ¿Prefieren hacer lo que nosotros hacemos en los Estados Unidos? No, no es el caso. Pero la vida moderna está exigiendo cambios mundialmente en algunas costumbres y tradiciones. Hoy en día hay tanto tráfico en las calles de las ciudades hispanas, que es casi imposible volver a casa para almorzar. Muchas veces uno tarda una hora o más

TRÁFICO, CIUDAD DE MÉXICO

para llegar al trabajo. ¿Cómo puede uno pasar unas dos horas de ida y vuelta sólo para ir a almorzar a casa? Es imposible. Así es que los cambios sociales exigen que la gente cambie sus costumbres. Hoy en día la gente almuerza cerca de donde trabaja y no en casa.

Los suburbios

Otro contraste entre los Estados Unidos y la América Latina y Europa son las áreas donde vive la gente. En los Estados Unidos es común que la gente de bajos recursos económicos viva en la ciudad misma. Los más acomodados suelen vivir en los suburbios. En Latinoamérica es lo contrario. Dentro de las grandes ciudades hay zonas residenciales con elegantes condominios y casas lujosas donde viven los más adinerados. Son los menos afortunados los que viven en las afueras de las ciudades, en los suburbios. Los barrios donde viven los pobres tienen nombres que varían de país en país: ranchos en México, villas miseria en Argentina y pueblos jóvenes en Perú.

UNA CASA LUJOSA, LIMA

BARRIO POBRE, CARACAS

ACTIVIDADES

Actividades A y B
Las respuestas pueden variar.

● **A Actividad cooperativa.** Trabajando en grupos de cuatro, discutan si prefieren quedarse en la escuela para almorzar o volver a casa. Defiendan sus opiniones.

● **B Mi agenda.** Vas a preparar dos agendas personales. Una es una agenda típica tuya para un día laborable, es decir, un día que tienes que ir a la escuela y los adultos tienen que ir a trabajar. Otra es para un día festivo típico cuando no hay clases, un sábado o domingo, por ejemplo.

NUESTRA LITERATURA

EL AMOR EN LOS TIEMPOS DEL CÓLERA
de Gabriel García Márquez

INTRODUCCIÓN A veces el autor describe una casa en su obra. He aquí la descripción de dos casas diferentes. Estas descripciones vienen de obras de dos de los más famosos e ilustres escritores latinoamericanos de hoy. La primera descripción es de la casa del doctor Juvenal Urbino, uno de los protagonistas de la novela *El amor en los tiempos del cólera* del famoso autor colombiano Gabriel García Márquez. La segunda es la descripción de una casa de campo que había sido abandonada por mucho tiempo por la familia Trueba en la novela *La casa de los espíritus* de Isabel Allende.

Gabriel García Márquez es indudablemente uno de los más importantes escritores de la literatura hispánica. Es el exponente más brillante de la tendencia literaria contemporánea denominada "realismo mágico".

Gabriel García Márquez nació en Arataca, Colombia en 1928. Estudió periodismo en la Universidad Nacional de Colombia en Bogotá y leyes en la Universidad de Cartagena. Ha sido periodista en Barranquilla, Bogotá y Cartagena. Ha trabajado también en Italia, España y México.

Inicialmente García Márquez escribió cuentos cortos para los periódicos donde trabajaba. Ahora escribe novelas. Ya ha escrito muchas. Una de sus más famosas es *Cien años de soledad,* publicada en 1967. Otra novela popularísima es *El amor en los tiempos del cólera.* Es de esta novela que sacamos la descripción de la casa del doctor Urbino. En 1982, García Márquez recibió el premio Nóbel de literatura.

Repaso · Los estudiantes acaban de estudiar los sustantivos que cambian de género. Pregúnteles la diferencia entre el cólera y la cólera.

Haga que los estudiantes repasen la materia en la sección *Nuestro conocimiento académico* del capítulo 4 sobre la forma narrativa.

GABRIEL GARCÍA MÁRQUEZ

El amor en los tiempos del cólera

Gabriel García Márquez

El amor
en los tiempos del cólera

Editorial Sudamericana

Preguntas de comprensión
1. ¿Dónde estaba la casa del doctor Juvenal Urbino? 2. ¿Qué significa que "estaba en otro tiempo"? 3. ¿Cuántos pisos tenía la casa? 4. ¿Qué tenía la terraza? 5. ¿Qué se veía de la terraza? 6. ¿De qué estaba cubierto el piso de la casa? 7. ¿Quiénes construyeron casas en este barrio? ¿Cuándo? 8. ¿Cómo era la sala? 9. ¿A qué daban las ventanas? 10. ¿Qué separaba la sala del comedor? 11. ¿Qué había al lado del comedor?

Haga que los estudiantes busquen en el diccionario la definición de *la butaca, el mecedor y el taburete.* (La butaca es un sillón de brazos; el taburete es un sillón sin brazos; el mecedor es un sillón que mece.)

Al otro lado de la bahía, en el barrio residencial de La Manga, la casa del doctor Juvenal Urbino estaba en otro tiempo. Era grande y fresca, de una sola planta, y con un pórtico de columnas dóricas en la terraza exterior, desde la cual se dominaba el estanque de miasmas y escombros de naufragios de la bahía. El piso estaba cubierto de baldosas ajedrezadas, blancas y negras, desde la puerta de entrada hasta la cocina, y esto se había atribuido más de una vez a la pasión dominante del doctor Urbino, sin recordar que era una debilidad común de los maestros de obra catalanes que construyeron a principios de este siglo aquel barrio de ricos recientes. La sala era amplia, de cielos muy altos como toda la casa, con seis ventanas de cuerpo entero sobre la calle, y estaba separada del comedor por una puerta vidriera, enorme e historiada, con ramazones de vides y racimos y doncellas seducidas por caramillos de faunos en una floresta de bronce. Los muebles de recibo, hasta el reloj de péndulo de la sala que tenía la presencia de un centinela vivo, eran todos originales ingleses de fines del siglo XIX, y las lámparas colgadas eran de lágrimas de cristal de roca, y había por todas partes jarrones y floreros de Sèvres y estatuillas de idilios paganos en alabastro. Pero aquella coherencia europea se acababa en el resto de la casa, donde las butacas de mimbre se confundían con mecedores vieneses y taburetes de cuero de artesanía local. En los dormitorios, además de las camas, había espléndidas hamacas de San Jacinto con el nombre del dueño bordado en letras góticas con hilos de seda y flecos de colores en las orillas. El espacio concebido en sus orígenes para las cenas de gala, a un lado del comedor, fue aprovechado para una pequeña sala de música donde se daban conciertos íntimos cuando venían intérpretes notables. Las baldosas habían sido cubiertas con las alfombras turcas compradas en la Exposición Universal de París para mejorar el silencio del ámbito, había una ortofónica de modelo reciente junto a un estante con discos bien ordenados, y en un rincón, cubierto con un mantón de Manila, estaba el piano que el doctor Urbino no había vuelto a tocar en muchos años. En toda la casa se notaba el juicio y el recelo de una mujer con los pies bien plantados sobre la tierra.

Sin embargo, ningún otro lugar revelaba la solemnidad meticulosa de la biblioteca, que fue el santuario del doctor Urbino antes que se lo llevara la vejez. Allí, alrededor del escritorio de nogal de su padre, y de las poltronas de cuero capitonado, hizo cubrir los muros y hasta las ventanas con anaqueles vidriados, y colocó en un orden casi demente tres mil libros idénticos empastados en piel de becerro y con sus iniciales doradas en el lomo. Al contrario de

Dígales a los estudiantes que den una descripción en sus propias palabras de la casa del doctor Juvenal Urbino.

las otras estancias, que estaban a merced de los estropicios y los malos alientos del puerto, la biblioteca tuvo siempre el sigilo y el olor de una abadía. Nacidos y criados bajo la superstición caribe de abrir puertas y ventanas para convocar una fresca que no existía en la realidad, el doctor Urbino y su esposa se sintieron al principio con el corazón oprimido por el encierro. Pero terminaron por convencerse de las bondades del método romano contra el calor, que consistía en mantener las casas cerradas en el sopor de agosto para que no se metiera el aire ardiente de la calle, y abrirlas por completo para los vientos de la noche. La suya fue desde entonces la más fresca en el sol bravo de La Manga, y era una dicha hacer la siesta en la penumbra de los dormitorios, y sentarse por la tarde en el pórtico a ver pasar los cargueros de Nueva Orleans, pesados y cenicientos, y los buques fluviales de rueda de madera con las luces encendidas al atardecer, que iban purificando con un reguero de músicas el muladar estancado de la bahía.

Nota *La casa de los espíritus* está disponible en videocasete.

LA CASA DE LOS ESPÍRITUS
de Isabel Allende

ISABEL ALLENDE

INTRODUCCIÓN Isabel Allende es de nacionalidad chilena pero nació en Lima, Perú en 1942. A los 17 años empezó su carrera de periodista y escritora. Ha pasado una gran parte de su vida en el exilio, pasando por Venezuela y los Estados Unidos. Reside actualmente en California. Su novela *La casa de los espíritus* la situó en la cúspide de los narradores latinoamericanos. Además de *La casa de los espíritus,* que ha sido producida en una película, otras obras de gran prestigio de la autora son *Eva Luna, De amor y de sombra, El plan infinito* y *Paula.*

La descripción que ofrecemos aquí es lo que vio Esteban Trueba al entrar en la casa de las Tres Marías después de una larga ausencia, un largo tiempo de abandono.

La casa de los espíritus

Esteban se bajó de la carreta, descargó sus dos maletas y pasó unas monedas al leñador.

—Si quiere lo espero, patrón— dijo el hombre.

—No. Aquí me quedo.

Se dirigió a la casa, abrió la puerta de un empujón y entró. Adentro había suficiente luz, porque la mañana entraba por los

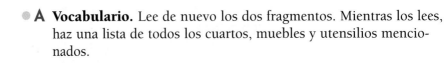

BESTSELLER INTERNACIONAL

ISABEL ALLENDE

LA CASA DE LOS ESPIRITUS

"Magnífica... imaginativa e importante... Un mundo tenazmente sorprendente, donde la esperanza jamás se pierde."—*Detroit News*

NOVELA

Se recomienda que los estudiantes lean este fragmento en voz alta. Contiene un vocabulario rico y útil. Algunas palabras que no sabrán los estudiantes son:
los postigos—puertas falsas;
lúgubre—que inspira tristeza;
desvencijado—descompuesto;
cochambrosa—muy sucia;
anidado—hecho un nido;
desafinado—que ha perdido su afinación (tono);
los anaqueles—tablas de un armario o alacena;
garfios—ganchos de hierro;
titánico—muy duro, dificilísimo

postigos rotos y los huecos del techo, donde habían cedido las tejas. Estaba lleno de polvo y telarañas, con un aspecto de total abandono, y era evidente que en esos años ninguno de los campesinos se había atrevido a dejar su choza para ocupar la gran casa patronal vacía. No habían tocado los muebles; eran los mismos de su niñez, en los mismos sitios de siempre, pero más feos, lúgubres y desvencijados de lo que podía recordar. Toda la casa estaba alfombrada con una capa de yerba, polvo y hojas secas. Olía a tumba. Un perro esquelético le ladró furiosamente, pero Esteban Trueba no le hizo caso y finalmente el perro cansado se echó en un rincón a rascarse las pulgas. Dejó sus maletas sobre una mesa y salió a recorrer la casa, luchando contra la tristeza que comenzaba a invadirlo. Pasó de una habitación a otra, vio el deterioro que el tiempo había labrado en todas las cosas, la pobreza, la suciedad, y sintió que ése era un hoyo mucho peor que el de la mina. La cocina era una amplia habitación cochambrosa, techo alto y de paredes renegridas por el humo de la leña y el carbón, mohosa, en ruinas, todavía colgaban de unos clavos en las paredes las cacerolas y sartenes de cobre y de fierro que no se habían usado en quince años y que nadie había tocado en todo ese tiempo. Los dormitorios tenían las mismas camas y los grandes armarios con espejos de luna que compró su padre en otra época, pero los colchones eran un montón de lana podrida y bichos que habían anidado en ellos durante generaciones. Escuchó los pasitos discretos de las ratas en el artesonado del techo. No pudo descubrir si el piso era de madera o de baldosas, porque en ninguna parte aparecía a la vista y la mugre lo tapaba todo. La capa fría de polvo borraba el contorno de los muebles. En lo que había sido el salón, aún se veía el piano alemán con una pata rota y las teclas amarillas, sonando como un clavecín desafinado. En los anaqueles quedaban algunos libros ilegibles con las páginas comidas por la humedad y en el suelo restos de revistas muy antiguas, que el viento desparramó. Los sillones tenían los resortes a la vista y había un nido de ratones en la poltrona donde su madre se sentaba a tejer antes que la enfermedad le pusiera las manos como garfios.

Cuando terminó su recorrido, Esteban tenía las ideas más claras. Sabía que tenía por delante un trabajo titánico, porque si la casa estaba en ese estado de abandono, no podía esperar que el resto de la propiedad estuviera en mejores condiciones.

ACTIVIDADES

Actividades A y B
Las respuestas pueden variar.

● A **Vocabulario.** Lee de nuevo los dos fragmentos. Mientras los lees, haz una lista de todos los cuartos, muebles y utensilios mencionados.

● B **Una descripción narrativa.** Prepara tu propia descripción de la casa del doctor Juvenal Urbino.

NUESTRA CREATIVIDAD

UN SUPERMERCADO, MIAMI, FLORÍDA

ACTIVIDADES

Actividades A y B
Las respuestas pueden variar.

Expresión oral Pídales a varios estudiantes que presenten sus informes a la clase.

A Actividad cooperativa. Trabajen en grupos de tres personas. Cada grupo va a ser una "familia". Decidan lo que van a comer durante una semana. Investiguen cuánto les va a costar la comida (los comestibles). Después preparen su presupuesto para la comida. Luego determinen cuánto van a pagar por el alquiler o la hipoteca, las facturas de electricidad (luz) y gas y el teléfono. Dividan cada gasto entre cuatro para determinar cuánto dinero necesitan por semana.

B Vas a soñar. Imagina una casa que quisieras tener algún día. Llámala "La casa de mis sueños" y descríbela.

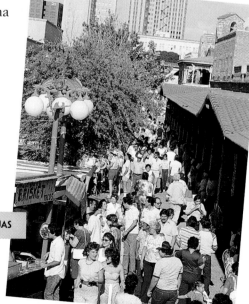

TURISTAS EN SAN ANTONIO, TEJAS

Nuestras DIVERSIONES

Hoy en día muchos de nosotros tenemos o queremos tener una computadora personal que podemos usar en casa. Lee este artículo "¿Vas a comprarte una computadora?" Al terminar el artículo, haz un resumen de las recomendaciones.

¿VAS A COMPRARTE UNA COMPUTADORA?

A través de este artículo le ofrecemos información para que cuente con los elementos necesarios al decidirse por la compra de una computadora personal para su casa o su oficina. En lugar de gastar el dinero en sofisticadas máquinas de escribir o modernos aparatos de fax, por una cantidad similar puede adquirir una computadora, que hace mucho más que los dos aparatos anteriores.

Por el ING. JAVIER MATUK KANAN
Secretario de la Asociación Nacional de la Industria de Programas para Computadoras, A.C.
Director de Tecnología Uno-cero

¿CASA U OFICINA? El asunto de decidir si la computadora es para el hogar o para la oficina, el día de hoy, no tiene tanta importancia. Los modelos son prácticamente iguales y las diferencias estarán en los **accesorios**, es decir, lo que se conecta a la computadora. Impresoras, monitores de mayores dimensiones, unidades de multimedia son los típicos accesorios de una computadora en estos días.

PROCESADORES... La misteriosa palabra "procesador central" o "chip" corresponde a la potencia de una computadora. Haciendo una analogía con su automóvil, un procesador 80286 es como un carro de cuatro cilindros. Un 80386 sería como de seis y el 80486 más o menos equivale a uno de ocho cilindros.

En estos días, una computadora con el 80286 prácticamente es una mala inversión. Es lenta y la mayoría de los nuevos programas no funcionan. Una 80386 es adecuada, digamos que le funcionará un tiempo considerable, pero no mucho. Lo mejor es adquirir una 80486. Casi la totalidad de los programas disponibles funcionan en una 486 (como se conoce normalmente) y no tendrá mayores problemas.

EL DISCO DURO Y LA MEMORIA RAM No se asuste si de repente el vendedor le recita la letanía de lo que incluye la computadora. Ya que entendimos el asunto del procesador, que en realidad no hay que entender a fondo, simplemente comparar con un auto, viene el asunto de la memoria RAM. Para ahorrarnos problemas, compre la mayor cantidad de RAM que pueda, mínimo 4 Mb, unos 8Mb son mejor. Las letras "Mb" significan "mega bytes", o sea, millones de bytes, pero no se preocupe mucho por comprender esto. Simplemente, mientras más RAM tenga es como contar con un buen carburador dentro del vehículo. El mínimo actual es de 170 Mb (otra vez, millones de bytes). ¿Por qué es mucho más grande el disco duro que el RAM? Porque el RAM se "borra" cada vez que apaga y enciende la máquina, en su proceso normal, es como un pizarrón de salón, se llena y se borra cuando se necesita. El disco duro siempre tiene la información, por ejemplo, para revisar una carta que escribió hace muchos días, lo que sería más o menos un archivero tradicional.

EL MONITOR Tenga cuidado al seleccionar esta pieza clave de la computadora. El monitor es "la tele" o "la pantalla" o "la terminal" de la máquina. Sus ojos tendrán que ver este aparato todo el tiempo que se encuentre trabajando frente a su máquina. El monitor de color ya es estándar en estos días, no acepte uno en blanco y negro, a menos que el presupuesto no permita optar por el de colores. El monitor, justo como las televisiones, se mide en pulgadas en diagonal.

La medida más común es de 14 pulgadas.

Después vienen los de 15 y los mejores de 17 pulgadas. La diferencia en precio es importante. La calidad de la imagen de los monitores es muy variable. En general, si adquiere una computadora procure observar el monitor antes de decidirse. Pida al vendedor que corra el "Windows" y observe la calidad de los colores, sobre todo el morado, que es de los más difíciles de definir en un monitor. Si la calidad es baja, el monitor saldrá, en los bordes, con algunas sombras. El monitor o pantalla es un elemento importante que le brindará horas y horas de servicio y no sentirá la vista cansada después de una jornada de trabajo.

LA IMPRESORA

Para obtener en papel lo que escribe en la pantalla es necesario contar con una impresora. Las más antiguas, que ya casi no se usan, son las conocidas como "de matriz", ésas que hacen mucho ruido y la "cabeza de impresión" se mueve como loca de un lado a otro. Sólo si el presupuesto es muy ajustado adquiera una de éstas. Lo mejor es pasar a la siguiente tecnología, conocida como "inyección de tinta". Éstas ofrecen una excelente calidad en papel y son muy silenciosas. Los niños no despertarán al papá durante la siesta si se les ocurre imprimir la tarea. Hay pocas marcas, pero todas son bastante buenas. Pida el precio de los cartuchos de tinta y pregunte cuántas hojas rinden. Por otro lado, las impresoras que ofrecen hoy la mejor calidad son las láser. A través de una compleja tecnología, estos aparatos producen documentos con calidad "de libro". El precio es más alto que cualquiera y también consumen mucha más corriente eléctrica. Si se le antoja imprimir en colores, es decir, más que en blanco y negro por separado. Las que combinan los colores básicos para pintar en negro, dejan mucho que desear. No piense que podrá imprimir con calidad fotográfica, por el momento, la tecnología de impresión en colores en esta escala de precios sólo ofrece baja calidad.

LOS ACCESORIOS

En este renglón la lista es casi interminable. Parecido a un automóvil, en donde puede cambiar el autoestéreo, poner un quemacocos, cambiar llantas y rines y toda la parafernalia correspondiente, para la informática en la casa o en la oficina sucede algo semejante. Los accesorios indispensables son un buen regulador de corriente, una unidad de fuerza ininte-rrumpida, conocida en inglés como "no-break" que sirven para cuando falta la corriente eléctrica, una palanca de juegos o joystick y una funda para cubrir el equipo del nocivo polvo cuando no se está utilizando.

Un accesorio por demás interesante es el llamado **modem**. Este aparato (que muchas veces se instala dentro de la computadora) le permite "conectarse" a otras computadoras mucho más grandes que se conocen como sistemas de información. Dentro de ellos puede enviar y recibir correo electrónico, puede hacer reservaciones de boletos de avión, conocer a miles de personas que, como usted, son nuevas en este mundo de la informática. Para los niños, un sistema de información es un buen lugar para hacer amigos, para obtener datos para las tareas y, en general, para estar comunicado con el mundo exterior. No se alarme. Esto no es tan sencillo de llevar a cabo en la primera sentada frente a la máquina, pero es mucho más fácil de lo que parece. Una computadora y un modem son una ventana a un mundo de información, entretenimiento y cultura en general.

LOS PROGRAMAS

Los programas que corren en la computadora se llaman **software** en inglés y sería el equivalente a la gasolina del automóvil. Así de sencillo, usted puede adquirir el último modelo deportivo, superequipado y con maravillas técnicas, pero sin ese elemento indispensable, el auto simplemente no servirá para nada. Exactamente lo mismo sucede con las computadoras. Sin software no sirven para nada. Hay de todo y para todos. Se calcula que existen más de 50,000 títulos de programas diferentes en el mercado mundial. Claro que usted no tiene que conocer una gran cantidad. Para comenzar, uno de los llamados "integrados" es lo mejor. Estos programas le ofrecen los servicios de procesador de textos (el equivalente a una máquina de escribir), hoja de cálculo (para llevar chequeras, tarjetas de crédito, etc.), la base de datos (para hacer listados de todo lo que se le ocurra, direcciones, clientes, inventarios, etc.), y el módulo de comunicaciones, para enlazar su computadora personal con los conocidos "sistemas de información en línea". Algunas computadoras incluyen ya varios programas por el precio inicial, pero no se incluyen los manuales. Pregunte siempre qué programas le ofrecen y si los manuales se venden por separado.

NUESTRO CONOCIMIENTO ACADÉMICO

SEGUROS

Los seguros son sumamente importantes para la protección de la familia. El concepto de seguro ha existido siempre. Los hombres prehistóricos se unían para colaborar en caso de peligro. A través de los siglos, los hombres han almacenado víveres para no morirse de hambre durante épocas de escasez. Si a la casa de uno le prendiera fuego, todos vendrían a apagar el fuego para que no se incendiara toda la vecindad. Poco a poco este tipo de colaboración voluntaria para protección mutua se transformó en mutualidades, grupos de personas que se aseguran recíprocamente contra ciertos riesgos por medio del pago de una cuota o contribución. Más tarde vinieron las compañías de seguros modernas, dirigidas como empresas comerciales.

Objeto de los seguros

El objeto de los seguros es el de ofrecer una protección financiera. El que compra una póliza de seguros, el asegurado, está buscando protección para él mismo, para su familia o para su negocio. El asegurado tiene que pagar a la compañía de seguros una prima. La paga en cuotas mensuales o anuales. La manera de determinar el monto de la prima se basa en las probabilidades. Por ejemplo, el riesgo de incendio es mayor para una casa de madera que para una casa de piedra o ladrillo. Los que calculan las probabilidades de incendios, muertes, accidentes, etc. durante el transcurso de un año se llaman actuarios. Las primas para las pólizas de seguros se basan en los cálculos de los actuarios. Las compañías de seguros indemnizan a los asegurados por los daños sufridos con el dinero que viene a la compañía de las primas pagadas por todos los otros asegurados.

Compañías de seguros

Cuando se piensa en seguros, se piensa en una compañía privada. Sin embargo, en los Estados Unidos el asegurador más importante es el gobierno federal. La mayor parte de los programas del gobierno se dedica a proteger a la gente contra una pérdida de rentas debida a varios factores: la enfermedad, la invalidez, los accidentes, la huelga, la vejez. En los Estados Unidos el Seguro Social cubre a nueve de cada diez trabajadores. Por lo general, los empleados pagan una porción de la cuota o contribución y los patronos pagan la otra porción.

El objetivo de esta lectura es el de asegurar que los estudiantes dominen el vocabulario esencial para leer y hablar sobre los seguros. Los términos más importantes son: los seguros, una póliza de seguros, el asegurado, el asegurador, el beneficiario, la cuota, la prima, las probabilidades, el actuario, indemnizar, la indemnización, el Seguro Social, un tercero, asegurarse, los riesgos, los daños, seguro contra todo riesgo, deducible, el seguro médico, el seguro de vida, el valor de la póliza, los beneficios.

Tipos de seguros

Hay varios tipos de seguros. El tipo que le interesa a la mayoría de la gente es el seguro de responsabilidad civil. El asegurador paga a un tercero que sufre daños causados por el asegurado. Por ejemplo, los médicos se aseguran contra los riesgos de daños causados por ellos mismos o por sus empleados. Otra clase de seguros de responsabilidad civil son los seguros de automóvil contra todo riesgo. En muchos estados es ilegal conducir un vehículo sin tener seguro. Hay también seguros contra todo tipo de accidentes, incendios, inundaciones, huracanes, terremotos (catástrofes naturales), robos, etc.

Antes de comprarse una póliza de seguros el consumidor prudente debe leerla detenidamente para comprender todas las condiciones de la póliza. La mayoría de los seguros contienen una cantidad deducible. El asegurador retiene de la indemnización la cantidad deducible.

EDIFICIO DE LA METROPOLITAN LIFE, NUEVA YORK

SEGUROS
de
ACCIDENTES
_____
MULTIRRIESGO HOGAR

▶ **EJEMPLO:** Tienes un accidente y debes ir al médico o al hospital. Tu póliza de seguros médicos cubre los gastos para los médicos. Pero la cantidad deducible es de $500. Eso significa que tú tienes que pagar los primeros quinientos dólares personalmente y el asegurador pagará la diferencia. Por lo general, el asegurador no paga la totalidad de la diferencia sino un porcentaje de la diferencia.

Asegurarse la vida es asegurarles muchos años de sueldo. Por muy pocas pesetas al día.

El seguro médico sigue siendo un problema serio en los Estados Unidos. El costo del seguro médico es muy alto y desafortunadamente prohibitivo (fuera de las posibilidades) para muchas familias. En la actualidad se están estudiando numerosos proyectos de seguro médico nacional para tratar de solucionar este problema serio.

El seguro de vida

Otro tipo de seguro importante es el seguro de vida. El asegurado paga sus primas a nombre de un beneficiario. El beneficiario es el que recibe el dinero (el valor de la póliza) cuando muere el asegurado. Una gran ventaja de los seguros de vida es que los beneficios no son gravables. El gobierno federal no cobra impuestos sobre los beneficios que recibe el beneficiario de una póliza de seguro de vida. Estudiaremos los impuestos en una lección futura.

ACTIVIDADES

A Definiciones. Parea la palabra con su definición.

1. el asegurado
2. el beneficiario
3. el riesgo
4. la prima
5. la cuota
6. el actuario

a. el inconveniente, el posible riesgo
b. el dueño de una póliza de seguro
c. el que determina el monto de la prima de una póliza de seguros
d. el monto que el asegurado paga a la compañía de seguros
e. el que recibe el dinero de una póliza de seguros de vida después de la muerte del asegurado
f. la contribución, el pago
g. el dinero que uno recibe para recuperar su pérdida

B Seguros. Prepara una lista de varias cosas contra las cuales uno puede asegurarse.

C Expresión escrita. En un párrafo, escribe por qué son importantes los seguros.

D Un problema. Tienes una póliza de seguros médicos. La cantidad deducible es $500. Después de retener la cantidad deducible, la compañía de seguros te pagará el 80% del resto de tus gastos médicos. Has tenido un accidente y el monto de tus gastos es $1.200. ¿Cuánto te indemnizará la compañía de seguros? ¿Cuánto tendrás que pagar por tu propia cuenta?

NUESTRO IDIOMA

LA PUNTUACIÓN

Para hacer más comprensibles nuestras oraciones escritas, usamos los signos de puntuación. Con los signos de puntuación podemos distinguir las pausas y el tono de la oración.

El punto

Se pone el punto al final de una oración.

> La familia González vive en San Juan.
> Tiene una casa de campo en Barranquitas.

La coma

1. Se usa la coma para separar palabras de la misma categoría o clase, o sea, para separar palabras que aparecen en la frase en forma de lista.

> Los primos, abuelos, tíos y padrinos van a asistir a la fiesta.
> La casa tiene sala, comedor, cocina y tres dormitorios.

2. Se usan comas para separar palabras que aclaran otra palabra.

> María, una muchacha de dieciséis años, vive en Los Ángeles, California.

CALLE OLVERA, LOS ÁNGELES

Los signos de admiración y de interrogación

1. Se usan los signos de interrogación con una pregunta. El signo de interrogación es doble. Se coloca antes y después de la pregunta o frase interrogativa.

> ¿Dónde vive la familia González?
> ¿Tienen una casa de campo?

2. El signo de admiración también es doble. Uno se coloca al principio de la exclamación y otro al final.

> ¡Qué lindas son las playas de Puerto Rico!
> ¡No me lo digas!

ACTIVIDADES

A Escribe los signos de puntuación apropiados.

1. Ellos viven en Laredo Tejas
2. Laredo Tejas está en la frontera de los Estados Unidos y México
3. En la familia Bustamante hay cinco personas la madre el padre y los tres hijos
4. Julia la hermana de Pablo y Eduardo estudia en la Universidad de Tejas en Austin
5. Eduardo el menor de los dos hermanos tiene quince años
6. Él estudia en una escuela secundaria en Laredo
7. Él estudia español inglés historia álgebra y biología
8. Cuántos años tiene Julia
9. Increíble Ella tiene 19 años
10. Dónde has dicho que ella estudia

Actividad A

1. Ellos viven en Laredo, Tejas.
2. Laredo, Tejas está en la frontera de los Estados Unidos y México. 3. En la familia Bustamente hay cinco personas: la madre, el padre y los tres hijos.
4. Julia, la hermana de Pablo y Eduardo, estudia en la Universidad de Tejas en Austin. 5. Eduardo, el menor de los dos hermanos, tiene quince años. 6. Él estudia en una escuela secundaria en Laredo. 7. Él estudia español, inglés, historia, álgebra y biología. 8. ¿Cuántos años tiene Julia? 9. ¡Increíble! Ella tiene 19 años. 10. ¿Dónde has dicho que ella estudia?

LA UNIVERSIDAD DE TEJAS, AUSTIN, TEJAS

UN BAUTIZO, RICHMOND, CALIFORNIA

LA FAMILIA

La familia es una de las instituciones básicas de la sociedad. Y la familia es una institución importantísima en nuestras culturas hispánicas. Si damos una fiesta para celebrar un evento familiar, acuden todos los parientes: abuelos, tíos, primos, etcétera. Cuando un miembro de la familia se casa, la familia se hace aún más grande porque el matrimonio une o enlaza a dos familias.

El compadrazgo

Entre muchas de nuestras familias hay una costumbre bastante antigua—el compadrazgo. Esta institución constituye una relación casi de parentesco entre el padrino, la madrina y el ahijado o la ahijada. Comienza con la ceremonia del bautizo y perdura por toda la vida. El padrino y la madrina asumen la obligación de complementar a los padres naturales y sustituirlos, en el caso de su muerte, por ejemplo. En la clase alta se escoge a un padrino o a una madrina que sea capaz de manejar los bienes del ahijado cuando sea necesario. En el caso de los pobres, los padres tratan de encontrar a una persona de recursos suficientes para asumir el papel de padre o madre si es necesario. Por eso, no es raro que un personaje conocido o dueño de grandes negocios o tierras tenga muchos ahijados y ahijadas. Significa que este individuo está dispuesto a aceptar la obligación de mantener a estos jóvenes en el futuro.

UNA BODA HISPANA

ACTIVIDADES

Actividades

A Las respuestas pueden variar.

B de los españoles

Proyecto Si a los estudiantes les interesa la vida de los indígenas hoy día, pueden leer la biografía de Rigoberta Menchú titulada *Me llamo Rigoberta Menchú, y así me nació la conciencia* de Elizabeth Burgos, Siglo 21 Editores.

A En mi familia. ¿Existe el compadrazgo en tu familia? A veces el padrino o la madrina es un(a) pariente consanguíneo(a) y a veces es un(a) amigo(a) o conocido(a) de la familia. Tus padrinos, ¿son parientes o amigos?

B Aprendiendo más. En las comunidades indígenas de la América Latina no existía la institución del compadrazgo. En las comunidades indígenas prevalecía la práctica de la endogamia, o sea, el matrimonio casi exclusivo entre los habitantes de la misma aldea. Toda la comunidad era un tipo de familia grande. El espíritu comunal eliminaba la necesidad de tener un padre o una madre "adicional". El niño podía depender de todos los adultos de la aldea que representaran su "familia".

Si no existía el compadrazgo en las comunidades indígenas de las Américas, ¿de dónde vino?

NUESTRA LITERATURA

EL CID
de autor anónimo

INTRODUCCIÓN No hay amor más perfecto que el amor entre marido y mujer y padres e hijos. Es un amor del cual se trata con frecuencia en nuestras letras. El poeta anónimo que cantó las hazañas del sin par héroe castellano, Rodrigo Díaz de Vivar, El Cid, revela que conoció muy bien aquel amor. En los versos que siguen nos ha dejado un retrato que, a pesar de los siglos que han transcurrido, no ha perdido la emoción y fidelidad con que lo dotó su autor. El Cid fue desterrado por su rey. Camino al exilio, pasa por donde están su mujer e hijas para despedirse de ellas. Lo describe el poeta.

El Cid

Preguntas de comprensión
1. ¿A quién abrazó el Cid? **2.** ¿Dónde le besó su mujer al Cid? **3.** ¿Quién estaba llorando? **4.** ¿A quiénes miró el Cid? **5.** ¿Cómo describe el autor el dolor que sufrían el Cid y su familia? **6.** ¿Cómo dice el autor que no saben cuándo se van a ver de nuevo?

El Cid a doña Jimena   la iba a abrazar
doña Jimena al Cid   la mano va a besar
llorando de los ojos,   que no sabe que hacer.
Y él a las niñas   las tornó a mirar
A Dios os encomiendo   y al padre espiritual,
ahora nos partimos   Dios sabe el ajuntar.
Llorando de los ojos   como no viste jamás
así parten unos de otros   como la uña de la carne.

EL CID

EL HERMANO AUSENTE EN LA CENA DE PASCUA

de Abraham Valdelomar

INTRODUCCIÓN No hay nada más triste que la pena causada por la ausencia de un pariente querido, sobre todo durante las fiestas. Aquí nos presenta el poeta peruano Abraham Valdelomar (1888–1919) la tristeza que siente una madre al mirar hacia una silla vacía en la cena de Pascua.

El hermano ausente en la cena de Pascua

Preguntas de comprensión **1.** ¿En qué cuarto tiene lugar el poema? **2.** ¿De qué era la mesa? **3.** ¿De qué color es el mantel? **4.** ¿Quién pintó los cuadros? **5.** ¿Hacia dónde mira la madre? **6.** ¿Qué repite en voz baja? **7.** ¿Quién sirve la cena? **8.** ¿Por qué se pone a llorar la madre?

La misma mesa antigua y holgada, de nogal,
y sobre ella la misma blancura del mantel
y los cuadros de caza de anónimo pincel
y la oscura alacena, todo, todo está igual…

Hay un sitio vacío en la mesa hacia el cual
mi madre tiene a veces su mirada de miel
y se musita el nombre del ausente; pero él
hoy no vendrá a sentarse en la mesa pascual.

La misma criada pone, sin dejarse sentir,
la suculenta vianda y el plácido manjar;
pero no hay la alegría y el afán de reír

que animaran antaño la cena familiar;
y mi madre que acaso algo quiere decir,
ve el lugar del ausente y se pone a llorar…

ACTIVIDADES

Actividad A
Las respuestas pueden variar.

● **A** **Expresión escrita.** Escribe este fragmento del "Cantar de mío Cid" en forma de prosa.

● **B** **Aprendiendo más.** El Cid es el gran héroe nacional de España. Es, en realidad, Rodrigo Díaz de Vivar. Nació en el siglo XI en el pequeño pueblo de Vivar, cerca de Burgos, en el norte de España. Allí vivió felizmente con su mujer y sus dos hijas.

Había habido un conflicto entre el Cid y el Rey Alfonso, y como consecuencia de este conflicto fue necesario que el Cid saliera de Castilla. ¡Qué día más triste para él! Casi todo el pueblo de Burgos se puso a llorar cuando salió el Cid. Éste también se puso muy triste porque no quería dejar a su familia.

El Cid montó en su caballo, Babieca, y salió de Burgos. Viajó por Castilla hasta llegar a Valencia. En aquel entonces los árabes ocupaban una gran parte de España. Habían invadido a España en

711. Durante todo su viaje el Cid luchó valientemente contra los invasores árabes. Recibió la admiración de muchos que decidieron ayudarlo en su lucha contra los árabes. Su título, "el Cid", es una palabra árabe que significa "señor".

Cuando el Cid llegó a Valencia fue imposible entrar en la ciudad porque había sido ocupada por los árabes. Después de una lucha difícil, el Cid y sus hombres se apoderaron de la ciudad de Valencia y entraron victoriosos. En seguida el Cid mandó por su querida mujer y sus queridas hijas. Subieron a la parte más alta del Alcázar de donde miraron la bonita ciudad de Valencia. El Cid reinó en esta ciudad hasta 1099, el año de su muerte.

VISTA DE VALENCIA, ESPAÑA

VISTA DE BURGOS, ESPAÑA

Actividades

C **1.** antigua y holgada (ancha y cómoda); **2.** un mantel blanco; **3.** cuadros de caza (escenas de cazadores); **4.** hacia el sitio vacío en la mesa; **5.** su hijo no vendrá a comer

D **1.** holgada; **2.** los cuadros; **3.** la alacena; **4.** se musita; **5.** la vianda; **6.** el manjar

F Las respuestas pueden variar.

C Comprensión. Contesta las siguientes preguntas sobre el poema "El hermano ausente en la cena de Pascua".

1. ¿Cómo es la mesa del comedor?
2. ¿Qué hay encima de la mesa?
3. ¿Qué hay en la pared del comedor?
4. ¿Hacia dónde mira la madre?
5. ¿Por qué está ella tan triste?

D Sinónimos. En el poema de Valdelomar busca sinónimos de las siguientes palabras.

1. cómoda   4. dice en voz baja
2. las pinturas   5. la comida
3. el armario   6. el plato

E Expresión escrita. Escribe el poema "El hermano ausente en la cena de Pascua" en forma de prosa.

F Expresión escrita. Escribe un párrafo que ponga fin al poema. En tu párrafo explica lo que le ha pasado al hermano. ¿Por qué está ausente?

NUESTRA CREATIVIDAD

NIÑOS JUGANDO JUNTOS

ACTIVIDADES

Actividades A, B y C
Las respuestas pueden variar.

A **Actividad cooperativa.** La familia está cambiando radicalmente en la sociedad moderna. Está cambiando aquí en los Estados Unidos igual que en España y la América Latina. Para mantener a la familia es frecuentemente necesario que ambos padres trabajen. Muchas madres que en el pasado se quedaban en casa están saliendo temprano por la mañana para ir a trabajar. Como consecuencia, muchos niños pasan el día en una guardería infantil. Hay muchos que dicen que esto es beneficioso para los niños y hay otros que creen que tiene consecuencias negativas. En grupos de tres o cuatro discutan cómo está cambiando la vida familiar. Citen ejemplos. Discutan lo que Uds. consideran cambios positivos y cambios negativos.

B **Expresión oral.** Prepara un discurso en el cual presentas la importancia y los beneficios de los seguros. Incluye consecuencias desafortunadas que podrían resultar si un individuo no tuviera seguros. En tu discurso contesta personalmente la pregunta siguiente: ¿Crees que el gobierno debe hacer más para ayudar a los que no tienen los recursos suficientes para asegurarse? ¿Qué podría hacer el gobierno según tu punto de vista?

C **Expresión escrita.** Escribe uno o dos párrafos en los cuales indicas si prefieres vivir en una ciudad o en un suburbio. Defiende tus opiniones.

NUESTRAS DIVERSIONES

Lee este anuncio y da la siguiente información.
- ► el nombre del restaurante
- ► la dirección
- ► horas de apertura
- ► a quiénes felicitan
- ► por qué las felicitan
- ► lo que está ofreciendo el restaurante

Haga que los estudiantes preparen un anuncio para un restaurante cerca de donde viven.

La Cucaracha

Este 10 de Mayo

Su Centro Social La Cucaracha felicita a todas las Madres en su día y pensando en ellas queremos festejarlas con tarifas del

5, 10, y 20% de descuento

en sus alimentos todo el día y entrega de Corsage de lindas flores

¡Felicidades!

Abierto desde las 2:00 P.M. hasta las 12:00 medianoche
Aldama #1000 • Zona Centro • Reynosa, Tam. Tels. 22-01-74, 22-42-51 y 22-23-25

CAPÍTULO 7

Nuestro conocimiento académico

Impuestos

Hay muchos que hablan de los salarios tan altos que están recibiendo hoy en día los jugadores profesionales de béisbol y fútbol. Algunos creen que estos sueldos son merecidos y otros dicen que son una injusticia. Merecidos o injustos, una cosa es cierta. Estos atletas tienen que pagar muchos impuestos porque la tasa de impuesto sube según el ingreso del individuo: a mayor ingreso, más alta la tasa de impuesto. Algún día todos nosotros tendremos que pagar impuestos porque, en los Estados Unidos, cada residente tiene que pagar al gobierno federal un impuesto sobre el ingreso personal. El ingreso personal no se limita a los sueldos o salarios. Incluye también las propinas (muy importantes en el caso de los meseros, taxistas, etc.), el ingreso en forma de intereses (cuentas de ahorro, bonos, certificados de depósito, etc.), rentas, regalías (dinero que se recibe por algunos privilegios, como derecho de autor) y pensiones por divorcio. Todos estos ingresos se suman para llegar al ingreso bruto.

Ingreso bruto ajustado

Del ingreso bruto el contribuyente, o sea, el que paga los impuestos, puede hacer algunas deducciones o ajustes. Estos ajustes reducen el total del ingreso bruto e incluyen los gastos de mudanza, gastos del negocio, contribuciones a pensiones por divorcio y contribuciones a una cuenta individual de retiros (IRA). Se suman todos los ajustes. Luego se resta esta suma del ingreso bruto. Lo que queda es el ingreso bruto ajustado.

Exenciones

Del ingreso bruto ajustado se restan las exenciones personales. La exención personal en los EE. UU. es de $1.000 para el contribuyente y $1.000 para cada persona dependiente.

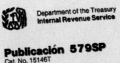

Department of the Treasury
Internal Revenue Service

Publicación 579SP
Cat. No. 15146T

Cómo Preparar la Declaración de Impuesto Federal

Si el contribuyente es ciego o si tiene más de 65 años de edad, el gobierno le concede una exención adicional de $1.000. Del ingreso bruto ajustado se restan también algunas deducciones personales. Las deducciones pueden ser pormenorizadas. Entre las deducciones pormenorizadas figuran los intereses pagados por hipoteca, contribuciones caritativas y otras. Si un contribuyente no tiene suficientes deducciones para pormenorizarlas, puede tomar una deducción fija o estándar.

Ingreso gravable

Lo que queda después de las exenciones y las deducciones al ingreso bruto ajustado es el ingreso gravable. El ingreso gravable es el ingreso sobre el cual se calcula la contribución a pagar. La tasa de impuesto sube según el ingreso gravable del contribuyente. El que tiene un ingreso gravable de menos de $30.000 paga el 15%. Y el que tiene un ingreso gravable de más de $130.000 contribuye el 36%.

ACTIVIDADES

Los términos más importantes de esta lectura son: los impuestos, la tasa de impuesto, el ingreso individual (personal), el impuesto sobre el ingreso personal, interés, bono, certificado de depósito, rentas, regalía, pensión por divorcio, sumar, ingreso bruto, ingreso bruto ajustado, el (la) contribuyente, deducciones, ajustes, una cuenta individual de retiro (IRA), restar, exenciones personales, persona dependiente, pormenorizar, deducciones pormenorizadas, contribución caritativa, deducción fija (estándar), ingreso gravable, la contribución.

A **Actividad cooperativa.** Trabajen en grupos de 4 a 6 personas. Vayan a una oficina del Servicio de Rentas Internas para conseguir un formulario para las contribuciones al IRS. Su grupo va a ser una familia imaginaria. Van a determinar un salario, otros ingresos recibidos y una lista de deducciones (ajustes) y exenciones aplicables. Luego llenen el formulario y determinen la contribución que tienen que hacer al gobierno. Si es necesario, pídanle ayuda al profesor o a la profesora de matemáticas o contabilidad.

B **Antónimos.** Parea los antónimos.

1. bruto
2. ingreso
3. alto
4. la deducción
5. sumar
6. la suma
7. independiente

a. el aumento
b. dependiente
c. neto
d. restar
e. egreso
f. la diferencia
g. bajo

C **Hechos.** Contesta.

1. ¿Qué tiene que pagar cada residente de los EE.UU. al gobierno federal?
2. ¿Qué se incluyen en los ingresos personales?
3. ¿Cuáles son algunas deducciones que puede hacer el contribuyente?
4. ¿Cómo varía la tasa de impuesto?

D **Explicaciones.** Explica.

1. la diferencia entre el ingreso bruto, el ingreso bruto ajustado y el ingreso gravable
2. lo que es una cuenta individual de retiros (IRA)
3. lo que es el Servicio de Rentas Internas

Actividades

A Las respuestas pueden variar.

B **1.** c; **2.** e; **3.** g; **4.** a; **5.** d; **6.** f; **7.** b

C **1.** los impuestos; **2.** salario, intereses, propinas, regalías, etc.; **3.** intereses pagados por hipoteca, gastos de mudanza, gastos de negocio, contribuciones caritativas, exención personal, exención de dependientes, contribución a una cuenta individual de retiro, etc.; **4.** el mayor sueldo, más alta la tasa de impuesto

D Las respuestas pueden variar.

NUESTRO IDIOMA

Oraciones

1. Una oración es la palabra o el conjunto de palabras que expresa un pensamiento completo.

   Jugaremos.
   El partido será mañana a las cuatro en el estadio.

Haga que los estudiantes den otras oraciones y que indiquen el sujeto y el predicado.

2. Cada oración consta de un sujeto y un predicado (verbo). El sujeto es la persona, animal o cosa de quien se dice algo. El predicado es lo que se dice del sujeto, lo que hace el sujeto.

SUJETO	PREDICADO
El árbitro	**silba.**

Haga que los estudiantes den otras oraciones con sujeto tácito. El estudiante que da la oración le pide a otro que dé el sujeto tácito.

3. Se puede suprimir el sujeto cuando el verbo o predicado nos da a entender fácilmente quién es el sujeto. Al sujeto suprimido se le llama sujeto tácito.

	SUJETO TÁCITO
Juego mucho al básquetbol.	Yo
Siempre ganamos.	Nosotros
Juan no puede jugar. Está enfermo.	Juan

Ortografía

Dígales a los estudiantes que repitan en voz alta todas estas palabras con c, z y s.

1. En casi todas partes de España, salvo Andalucía y las Islas Canarias, las letras c y z se pronuncian /Ø/, o sea, como la *th* en inglés. En Latinoamérica, Andalucía y las Islas Canarias la c y la z se pronuncian como s. A esta práctica se le llama el seseo. El seseo es una modalidad fonética que consiste en pronunciar la c y la z como si fueran s. A los que usan el seseo no es raro que tengan dificultad en diferenciar estas tres letras cuando las escriben. Hay que tener mucho cuidado con la ortografía de palabras con z, c, y s.

   cocina, cerveza, cazuela, cacerola, celos
   zapato, zaguán, zona, pizarra
   lápiz, pez, paz, vez

2. Nota que la z final de un sustantivo se convierte en c en forma plural.

   el lápiz   los lápices   una vez   dos veces

ACTIVIDADES

Actividades

A 1. sí; 2. no; 3. sí; 4. no; 5. sí

B 1. yo; 2. ellos; 3. yo; 4. yo; 5. nosotros

C 1. lanza; 2. mete; 3. corren; 4. lleva

D Déles un dictado a los estudiantes. Será necesario repasar las palabras con c, z y s con frecuencia.

E Las respuestas pueden variar.

A Indica si es una oración completa o no.
  1. Lo sabemos.
  2. En el estadio.
  3. El juego empieza.
  4. Con cinco minutos de retraso.
  5. Vienen mañana.

B Escribe el sujeto tácito.
  1. Ya voy.
  2. Llegan ahorita.
  3. Juego con los Tigres.
  4. Lo sé.
  5. Escribimos en español.

C Indica el predicado en las siguientes oraciones.
  1. González lanza el balón.
  2. Mete un gol.
  3. Los jugadores corren con el balón.
  4. El capitán del equipo lleva una gorra azul.

ARGENTINA CONTRA NIGERIA

D Prepárate para un dictado.
  1. Zoraida zurce los calcetines en la cocina.
  2. los zapatos de Susana
  3. la civilización costarricense
  4. la cacerola del cocinero
  5. la tiza para la pizarra (el pizarrón)
  6. el zaguán de la casa del cazador
  7. dos a la vez
  8. un pez en paz
  9. dos veces más
  10. Conceden una exención adicional.
  11. los consejos del concilio
  12. el bisabuelo y su biznieto
  13. sazonar los sesos rebozados
  14. bizco y zurdo, pero sordo no
  15. un bizcocho de azúcar

PARTIDO DE BÉISBOL

E Pon cada una de las siguientes palabras en una oración.
  1. zona, al son
  2. caza, casa
  3. zeta, seta
  4. cero, grosero
  5. ciervo, siervo
  6. la sien, cien
  7. coser, cocer

NUESTRA CULTURA

BIOGRAFÍA DE UN ATLETA PUERTORRIQUEÑO

DESTRUCCIÓN CAUSADA POR EL TERREMOTO, MANAGUA

Roberto Clemente nació en Puerto Rico en el pueblo de Carolina, cerca de San Juan. Cuando tenía sólo 17 años ya era jugador profesional de béisbol. Clemente jugó con los Piratas de Pittsburgh por más de quince años. Su promedio como bateador durante su carrera fue de .317. Cuatro veces fue campeón de los bateadores con promedios de .351, .339, .329 y .357. Diez veces recibió el premio del Guante de Oro por ser el mejor jardinero derecho de su liga.

Era diciembre en Puerto Rico. El calor tropical era perfecto para el atleta cansado. Clemente ya no era ningún niño. Tenía 38 años. Muy pocos jugadores de esa edad

Dos días antes de Navidad, un terremoto destruyó la ciudad de Managua, Nicaragua. El centro de la ciudad presentaba una vista de destrucción total. Edificios, hoteles y comercios quedaron destruidos. Miles de personas murieron en las ruinas de la capital. Otros miles que se encontraban fuera de los edificios cuando ocurrió el terremoto se salvaron. Pero perdieron todas sus posesiones.

El gobierno de Nicaragua pidió ayuda. El socorro vino de Europa y de las Américas, Norte y Sur. La Cruz Roja Internacional y muchos gobiernos enviaron medicinas y alimentos a las víctimas.

Hubo una persona que oyó las noticias de la catástrofe y decidió hacer algo. Fue Roberto Clemente. Nadie dijo que Clemente tenía que hacer algo, pero él siempre quería ayudar. Ahora iba a ayudar a sus hermanos nicaragüenses. ¿Quién era este hombre, este gran atleta, este héroe? ¿Y qué hizo?

ROBERTO CLEMENTE

Sugerencia Hágales a los estudiantes preguntas de comprensión tales como: ¿Qué ciudad fue destruida por un terremoto? ¿Cuántas personas murieron? ¿Qué pidió el gobierno de Nicaragua? ¿De dónde llegó ayuda, etc?

están todavía en las Grandes Ligas. En su última temporada bateó su hit número tres mil. Él iba a descansar en su Puerto Rico querido y prepararse para la próxima temporada. Pero la naturaleza intervino. En Centroamérica la tierra se abrió y las víctimas necesitaban ayuda. Roberto Clemente tenía que hacer algo para ellos. Oyó las noticias el día de Nochebuena. Durante la siguiente semana se dedicó a organizar la ayuda para Nicaragua. Los puertorriqueños contribuyeron generosamente. El Comité de Auxilio, con Clemente como jefe, consiguió un avión. Llenaron el avión de medicinas, comestibles y ropa. Una semana después de recibir la noticia, Clemente tenía todo listo.

La víspera del Año Nuevo el avión viejo está en la pista del aeropuerto internacional de Isla Verde en Puerto Rico. Los motores están en marcha. Clemente está en la cabina de mando con el piloto. El avión corre por la pista y despega. Pero nunca llega a Managua. Momentos después del despegue, el avión cae en las aguas del Caribe y Roberto Clemente muere.

Dijo un famoso entrenador de las Grandes Ligas: "Nunca podrán hacer una película sobre la vida de Roberto. ¿Por qué no? Porque ningún actor podría hacer el papel de Roberto Clemente".

Hoy día hay un gran centro deportivo en Puerto Rico para los niños de la isla. Esto fue el sueño de Roberto Clemente. El centro lleva su nombre. Y su nombre se encuentra en la lista de campeones del Salón de la Fama del Béisbol. La calle en donde él vivía lleva su nombre. Pero la señora de Clemente y sus hijos prefieren el nombre original porque cuando la calle llevaba otro nombre, Roberto vivía.

Al terminar la lectura, dígale a un estudiante que dé un resumen de la vida de Roberto Clemente.

ACTIVIDADES

A Hechos. Busca la siguiente información.
1. dónde nació Roberto Clemente
2. dónde hubo un terremoto catastrófico
3. el equipo con el que jugó Clemente
4. su promedio como bateador
5. la posición en que jugó
6. el día que salió para Nicaragua
7. cómo murió

B Expresión escrita. Escribe una biografía breve sobre otro atleta famoso de origen hispano.

C Ortografía. En esta biografía sobre Roberto Clemente hay muchas palabras con las letras *c, z* y *s.* Estúdialas y prepárate para un dictado.
1. una ciudad nicaragüense
2. el centro de la ciudad
3. edificios y comercios
4. la Cruz Roja Internacional
5. decidió hacer algo
6. qué hizo
7. nació cerca de San Juan
8. recibió el Guante de Oro diez veces
9. recibió la noticia

Nuestra Literatura

Ahora que vuelvo, Ton
de René del Risco Bermúdez

INTRODUCCIÓN El fútbol es el deporte más popular de la América del Sur. Y en las Antillas, lo es el béisbol. Todos los "scouts" en busca de gran talento beisbolístico para los equipos de las Grandes Ligas acuden al pequeño pueblo de San Pedro de Macorís en la República Dominicana. ¿Por qué acuden los "scouts" a este pueblecito dominicano? Van a San Pedro de Macorís porque este pueblecito ha producido más beisbolistas de las Grandes Ligas que cualquier otro pueblo del mundo de su tamaño.

Y en su cuento "Ahora que vuelvo, Ton", el autor dominicano René del Risco Bermúdez recuerda los días de la niñez de un grupo de muchachos de un barrio de Santo Domingo. Al describir su niñez no puede olvidar su deporte favorito, el béisbol.

EL BEISBOLISTA DOMINICANO
RAMÓN MARTÍNEZ

SAN PEDRO DE MACORÍS,
REPÚBLICA DOMINICANA

FUTUROS BEISBOLISTAS,
SANTO DOMINGO

Sugerencia Los estudiantes pueden discutir si el béisbol es un deporte muy popular en su escuela. ¿Cuál es el deporte que atrae la mayor atención en su escuela?

Ahora que vuelvo, Ton

¹**berrenda** manchada de varios colores

Eras realmente pintoresco, Ton; con aquella gorra de los Tigres del Licey, que ya no era azul sino berrenda¹, y el pantalón de caqui que te ponías planchadito los sábados por la tarde para ir a juntarte con nosotros en la glorieta del parque Salvador, a ver las paradas de los Boy Scouts en la avenida y a corretear y bromear hasta que de repente la noche oscurecía el recinto y nuestros gritos se apagaban por las calles del barrio. Te recuerdo, porque hoy he aprendido a querer a los muchachos como tú y entonces me empeño en recordar esa tu voz cansona y timorata y aquella insistente cojera que te hacía brincar a cada paso y que, sin embargo, no te impedía correr de home a primera, cuando Juan se te acercaba y te decía al oído: "vamos a sorprenderlos, Ton; toca por tercera y corre mucho". Como jugabas con los muchachos del "Aurora" compartiste con nosotros muchas veces la alegría de formar aquella rueda en el box "¡rosi, rosi, son bom-bá-Aurora-Aurora-ra-ra-rá!" y eso que tú no podías jugar todas las entradas de un partido, porque había que esperar a que nos fuéramos por encima del "Miramar" o "La Barca" para "darle un chance a Ton que vino tempranito" y "no te apures, Ton, que ahora entras de emergente".

ACTIVIDADES

Actividades

A **1.** una gorra, un pantalón; **2.** berrenda; **3.** caqui; **4.** planchadito (bien planchado); **5.** Salvador; **6.** los Boy Scouts; **7.** cansona y timorata (aburrida y tímida); **8.** tenía una cojera

B **1.** juntarte; **2.** las paradas; **3.** me empeño a; **4.** recordar; **5.** brincar; **6.** en el oído

C Las respuestas pueden variar.

A Detalles. Busca la siguiente información.
1. lo que llevaba Ton
2. el color de su gorra
3. el color de su pantalón
4. cómo estaba su pantalón, el que llevaba los sábados
5. el nombre del parque adonde iban
6. quienes tenían paradas
7. como era su voz
8. una aflicción que tenía Ton

B Sinónimos. Escribe de nuevo las siguientes oraciones empleando un sinónimo.
1. Ibas a *reunirte* con tus amigos en la glorieta del parque.
2. Veíamos *los desfiles* de los Boy Scouts.
3. *Me obligo a* recordar tu voz.
4. Quiero *acordarme de* tu voz cansona.
5. Te hacía *dar saltos.*
6. Te decía en *la oreja,* "Ton, toca por tercera".

C Análisis. Según lo que has leído, ¿qué tipo de jugador de béisbol era Ton? ¿Qué alusiones hace el autor a sus habilidades?

NUESTRA CREATIVIDAD

ACTIVIDADES

Actividades

A Las respuestas pueden variar. Los varios equipos pueden presentar se debate a la clase entera. Es posible invitar a otra clase también.

B Las respuestas pueden variar.

UN DEBATE, UNA ESCUELA DE SAN FRANCISCO, CALIFORNIA

A Expresión oral: un debate. Trabajando en dos equipos de tres personas cada uno, vamos a preparar un debate. En el debate vamos a exponer nuestros diferentes puntos de vista sobre el tema "Los sueldos de los atletas profesionales, ¿merecidos o injustos?" No hay duda que cada uno de nosotros tiene una opinión sobre el tema. En el debate tenemos que argumentar nuestros puntos de vista. No sólo tenemos que argumentarlos, sino que tenemos que defenderlos. Para defenderlos tenemos que saber de lo que estamos hablando. Debemos ofrecer más que opiniones. Debemos tener algunos datos. Por lo tanto, es probable que sea necesario hacer unas investigaciones antes de empezar nuestro debate. Algunas sugerencias son:

▶ cuáles son los sueldos de algunos jugadores típicos
▶ cuánto tiempo tienen que practicar, entrenar, jugar, etc.
▶ hasta qué edad pueden jugar antes de retirarse
▶ de dónde viene el dinero con el cual les pagan
▶ cuáles son los sueldos que reciben los miembros de otras profesiones u oficios
▶ cómo se comparan estos sueldos con los de los jugadores profesionales
▶ cómo se comparan las horas de trabajo, la preparación, etc.

Y ahora vamos a organizar el debate. Primero tenemos que dividirnos en dos equipos—los que estamos a favor de los sueldos en un equipo y los que estamos en contra en otro equipo. Luego será necesario nombrar a un moderador o moderadora. El/La moderador(a) tiene que:

1. dar la palabra al portavoz del equipo que está a favor y después al portavoz del que está en contra
2. dar la palabra a los que quieran intervenir; permitir e insistir que alguien responda brevemente
3. no permitir que nadie interrumpa mientras otro habla
4. resumir los argumentos
5. levantar la sesión

B Expresión escrita. Escoge un atleta conocido que te interese. Escribe su biografía. Al final de la biografía explica por qué es una persona que te llama la atención.

NUESTRAS DIVERSIONES

Lee esta página deportiva del periódico *El Mañana* y coméntalo en clase con tus compañeros.

GRANDES LIGAS

METS 5, EXPOS 1, 10 INNINGS

Montreal, Mayo 4 (AP).- El emergente Todd Hundley bateó jonrón con bases llenas en la alta de la décima entrada para dar a los Mets de Nueva York la victoria 5-1 esta noche sobre los Expos de Montreal

La victoria evitó una barrida de Nueva York en la serie de tres juegos.

Hundley conectó al primer lanzamiento del relevista Bryan Eversgerd por el jardín izquierdo; fue el tercer grand slam de su carrera y segundo esta temporada. También tuvo uno hace 9 días en Colorado.

John Franco (1-0) pitcheó 1 2-3 innnings para la victoria.

GIGANTES 5, PADRES 4

San Diego, Mayo 4 (AP).- Barry Bonds recibió pasaporte con la casa llena en la séptima entrada, forzando la carrera de la ventaja, y Matt Williams remolcó luego dos anotaciones con un sencillo para que los Gigantes de San Francisco vencieran a los Padres de San Diego 5-4 esta tarde.

Empatado el partido 2-2, el relevista Brian Williams retiró a los dos primeros bateadores. Pero el bateador emergente Jeff Reed obtuvo base por bolas, Darren Lewis pegó sencillo al cuadro y John Patterson recibió un pelotazo, llenado las almohadillas.

YANQUIS 5, MEDIAS ROJAS 3

Nueva York, Mayo 4 (AP).- Paul O'Neill abrió la octava entrada con un disputado cuadrangular y Don Mattingly conectó luego un indiscutible jonrón sobre la verja, conduciendo a los Yanquis de Nueva York a una victoria de 5-3 sobre los Medias Rojas de Boston esta noche.

Los Medias Rojas, que jugaban por segundo partido consecutivo sin el lesionado pelotero cubano José Canseco, ganaban 3-2 al final de la séptima luego que Mo Vaughn y Tim Naehring conectaran sendos jonrones.

ASTROS 6, CARDINALES 4

San Luis, 4 de Mayo (AP) - Dobles consecutivos de Dave Magadan y el emergente Tony Eusebio produjeron tres carreras en la octava entrada y los Astros de Houston remontaron un marcador adverso para ganar 6-4 esta noche a los Cardenales de San Luis.

River Plate y Católica definen mañana pase a cuartos de final

Buenos Aires, Mayo 2 (AP).- River Plate confía en aprovechar mañana la merma en el rendimiento de Universidad Católica cuando juega de visitante y lograr una victoria por dos goles de diferencia que le daría el pase a los cuartos de final de la Copa Libertadores de América.

La Católica de Chile ganó 2-1 el primer partido la semana pasada en Santiago, ventaja que parece exigua ante un equipo argentino que promete artillería pesada apenas suene el puntapié inicial, a las 22:00 (01.00 GMT) en el estadio de River.

A los chilenos les bastará un empate para avanzar a la siguiente ronda, mientras que River necesita ganar al menos por dos goles de diferencia. Si lo hiciese por uno irán a los penales para desnivelar.

"El chileno es un conjunto para respetarlo", declaró el técnico de River, Carlos Babington, según La Nación de hoy.

"Pero no debemos olvidarnos que siempre que actuaron fuera de su país recibieron goleadas y éste es un dato para tenerlo muy en cuenta", agregó.

CAPÍTULO 8

NUESTRO CONOCIMIENTO ACADÉMICO

LA GEOGRAFÍA FÍSICA

La geografía es el estudio de la tierra. Ya sabemos que el planeta Tierra se divide en siete continentes. Algunos continentes, como Australia y la Antártida, son verdaderos continentes ya que están rodeados de mar. Otros se conectan el uno con el otro, como Asia y Europa, por ejemplo. Un istmo es un pedacito de tierra que une un continente con otro. El istmo de Panamá une la América del Norte con la América del Sur.

(ARRIBA) PATAGONIA, CHILE
(ABAJO) CAMPOS ANDALUCES, ESPAÑA

Formaciones terrestres

El terreno varía mucho de una región geográfica a otra. Las cuatro formas terrestres (o de terreno) principales son las montañas, las colinas, las mesetas y los llanos.

Montañas

Una montaña es una elevación considerable y natural del terreno. Una cordillera es una cadena (un sistema) de montañas, o sea, una elevación extensa de montañas con múltiples cumbres. Fíjate en las siguientes palabras afines: la montaña, el monte; la cordillera, la sierra; la cumbre, el pico.

El cerro es una elevación de tierra escarpada o rocosa. Es de poca extensión. La colina es una elevación de terreno menor que la montaña. En la mayoría de los casos su cumbre es de forma redonda. Las palabras cerro, colina y altura son palabras afines.

La meseta es una parte llana y bastante extensa de terreno situada en una altura o

Sugerencia Haga que los estudiantes dibujen aunque sea de una manera primitiva lo siguiente: un pico, una colina, un monte, una cordillera y un cerro.

montaña. El altiplano o la altiplanicie es una meseta extensa y elevada; por lo general se refiere a una región más alta que una meseta.

Océanos y mares

El 70% de la superficie de la Tierra es agua, casi totalmente agua salada. Un océano es una gran extensión de agua salada. El globo terráqueo tiene cuatro océanos: el océano Atlántico, el océano Pacífico, el océano Índico y el océano Ártico.

Otras extensiones de agua salada que son más pequeñas que los océanos son los mares, los golfos y las bahías. Los mares, los golfos o las bahías están rodeados al menos parcialmente de tierra. En cuanto a la extensión, un mar es más grande que un golfo, que es más grande que una bahía.

Un lago es una extensión de agua rodeada de tierras. La mayor parte de los lagos tienen agua dulce. Un río es una corriente de agua que generalmente nace

en las montañas y desemboca en un océano, mar o golfo. Un arroyo es un riachuelo pequeño o un río poco caudaloso. Los arroyos se combinan frecuentemente para formar un río.

EL PLANETA TIERRA

Nota En la mayoría de los países de habla española se dice y se escribe océano. Sin embargo, en México se oye oceano y la palabra se escribe sin acento (tilde).

ACTIVIDADES

Preguntas de comprensión
1. ¿Qué porcentaje de la superficie de la Tierra es agua? 2. ¿Qué tipo de agua es? 3. ¿Qué es un océano? 4. ¿Cuántos océanos hay en el planeta Tierra? 5. ¿Cuáles son?

Actividades

A La respuestas pueden variar.

B 1. la montaña; 2. el altiplano; 3. el pico; 4. el arroyo; 5. la colina, la altura

C 1. río, río; 2. lago, lago; 3. río; 4. golfo; 5. bahía, bahía; 6. sierra; 7. llanos

A Definiciones. Escribe una definición de las siguientes palabras.

1. una montaña
2. una cordillera
3. una meseta
4. una llanura
5. un océano
6. un istmo

B Palabras afines. Da un sinónimo.

1. la sierra
2. la planicie
3. la cumbre
4. el riachuelo
5. el cerro

C ¿Qué sabes? Vamos a ver lo que sabes de la geografía de los Estados Unidos. Completa lo siguiente con una palabra apropiada.

1. el _____ Bravo o el _____ Grande
2. el _____ Erie, el _____ Superior
3. el _____ Misisipí
4. el _____ de México
5. la _____ de Tampa, la _____ de San Francisco
6. la _____ Nevada
7. los _____ del Medio Oeste

Nuestro idioma

Más signos de puntuación

Dos puntos

1. El signo de dos puntos precede a una enumeración, o sea, una lista dentro de una oración.

> Hay cuatro océanos: el océano Atlántico, el océano Pacífico, el océano Índico y el océano Ártico.

2. Precede a palabras textuales que se citan.

> Dice el poeta: "Volved adonde estuvisteis".

Punto y coma

Se escribe punto y coma delante de palabras como *pero* y *sin embargo*.

> Él dice que así es; sin embargo, todos no estamos convencidos.

Puntos suspensivos

Se usan los puntos suspensivos cuando la frase queda sin terminar.

> Quería hacerlo, pero…

Comillas

1. Se usan las comillas cuando se citan palabras de otra persona.

> Juan dijo: "No sé lo que voy a hacer".

2. Generalmente, las comillas también se usan para indicar el título de un poema o un cuento.

> "Canción del pirata" es un poema romántico muy conocido.

Raya

Se usa la raya, que es un guión un poco más largo, en el diálogo, para indicar un cambio de interlocutor.

> —Papá, pero te lo prometo.
> —No quiero oír más.

ACTIVIDADES

Actividad A

Ramón dijo: "No quiero ir" y luego empezó el diálogo. —¿No quieres ir? —No, no quiero ir. —¡Qué pena! —¿Por qué dices, "¡qué pena!"? —Lo digo porque... —Pero, dime. —Porque yo sé que todos tus amigos te van a echar de menos: Zoraida, Jorge, Pablo, Casandra, todos.

● **A** Pon los signos de puntuación apropiados.

Ramón dijo No quiero ir y luego empezó el diálogo
No quieres ir
No no quiero ir
Qué pena
Por qué dices qué pena
Lo digo porque
Pero dime
Porque yo sé que todos tus amigos te van a echar de menos
   Zoraida Jorge Pablo Casandra todos

Nota Será necesario ayudar a los estudiantes con la oración:—¿Por qué dices, "¡qué pena!"?

LA CATEDRAL DE LA CIUDAD DE MÉXICO, MÉXICO, D. F.

AVENIDA INSURGENTES, MÉXICO, D. F.

La geografía de Latinoamérica

ORILLAS DEL RÍO, CUENCA AMAZÓNICA, ECUADOR

Latinoamérica—una gran extensión de tierra desde el río Bravo en la frontera de los Estados Unidos con México hasta la Tierra del Fuego y el cabo de Hornos en la zona antártica.

Los geógrafos dividen Latinoamérica en tres zonas o áreas—México, la América Central y el Caribe y la América del Sur. La América Central comprende los siete países centroamericanos. La América Central une la América del Norte con la América del Sur. Las islas del Caribe, llamadas las Indias Occidentales, se dividen en tres grupos—las Antillas Mayores, que incluyen Puerto Rico, la Española (la República Dominicana y Haití) y Cuba; las Antillas Menores; y las Bahamas. El territorio más vasto de Latinoamérica es la América del Sur.

La geografía física de Latinoamérica es muy variada. Pero cuando pensamos en Latinoamérica, lo que nos viene a la mente son las montañas y las selvas tropicales.

Montañas

Grandes cordilleras cubren una gran parte de Latinoamérica. Los Andes corren por más de 4.000 millas (7.500 kilómetros) a lo largo de toda la costa occidental de la América del Sur, de Chile a Colombia. Algunos picos de los Andes alcanzan una altura de más de 20.000 pies (6.096 metros) sobre el nivel del mar. Las únicas montañas más altas que los Andes son los Himalayas en Asia.

Muchas islas del Caribe son picos descubiertos de una cadena de montañas submarinas. El interior de la América Central es una zona montañosa y en México hay dos cadenas importantes, la Sierra Madre Occidental y la Sierra Madre Oriental que se encuentran cerca de la Ciudad de México para formar la Sierra Madre del Sur.

Selvas tropicales

En toda la región amazónica hay grandes selvas tropicales de vegetación densa. El Amazonas es el río más caudaloso del mundo. Nace en el Perú, atraviesa el Brasil y desemboca en el Atlántico. Recorre unas 3.000 millas y es alimentado por un gran número de grandes tributarios. El Amazonas es navegable desde el Atlántico hasta el puerto fluvial de Iquitos en el Perú.

Mesetas del altiplano

Latinoamérica es también una región de grandes mesetas. En México entre la Sierra Madre Occidental y la Sierra Madre Oriental

Sugerencia Intercale la lectura con preguntas de comprensión. Para variar esta actividad, después de leer un párrafo, pídale a un estudiante que haga preguntas sobre el párrafo. Permítale pedir a otro estudiante que las conteste.

84 CAPÍTULO 8

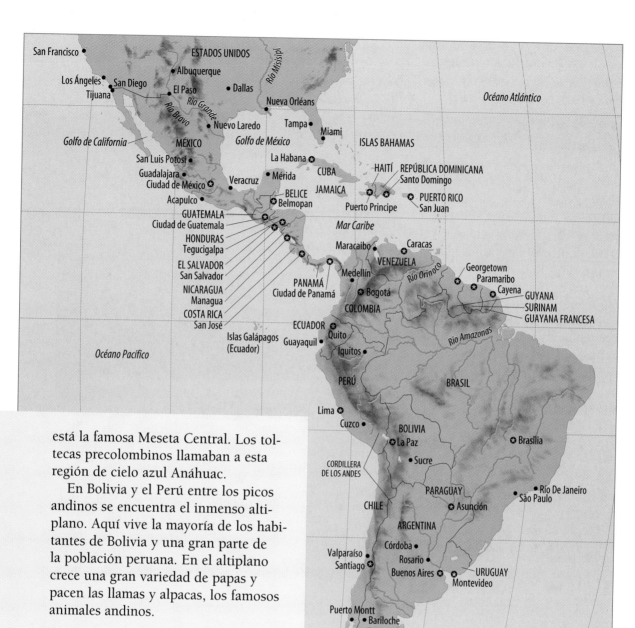

está la famosa Meseta Central. Los toltecas precolombinos llamaban a esta
región de cielo azul Anáhuac.

En Bolivia y el Perú entre los picos
andinos se encuentra el inmenso altiplano. Aquí vive la mayoría de los habitantes de Bolivia y una gran parte de
la población peruana. En el altiplano
crece una gran variedad de papas y
pacen las llamas y alpacas, los famosos
animales andinos.

Llanos

En Latinoamérica hay también grandes
extensiones de tierras planas y bajas.
En Venezuela y Colombia tenemos los
llanos. Al sur de los llanos está la cuenca del Amazonas. Y al sur de la cuenca
del Amazonas está el gran Chaco, una
región plana con grandes bosques. Los
bosques del Chaco contrastan fuerte-
mente con las pampas de la Argentina

y Uruguay, donde no se ve un solo árbol. Las pampas son llanuras cubiertas de hierba que son excelentes para la cría de ganado y el cultivo de cereales.

La Patagonia

La Patagonia está en la parte meridional o sur de la Argentina y Chile. Es una región pobre azotada constantemente por fuertes vientos. Pero la Patagonia está cubierta de una vegetación muy apropiada para la cría de ovejas (ovinos).

Desiertos

La región más árida de Latinoamérica se encuentra entre los Andes y el Pacífico desde Santiago de Chile hasta Ecuador, al sur de Guayaquil. En el norte de Chile está el desierto de Atacama. El Atacama es más seco que el Sahara en África.

OVEJAS EN PATAGONIA, ARGENTINA

Dígales a los estudiantes que describan las fotografías.

EL DESIERTO DE ATACAMA, CHILE

ACTIVIDADES

Actividades A, B, C y D
Las respuestas pueden variar.

A Un mapa. Dibuja tres mapas—uno de México, otro de la América Central y las islas del Caribe y otro de la América del Sur.

B Ríos. En tu mapa de la América del Sur, indica los siguientes ríos.
1. el Amazonas
2. el Orinoco
3. el Paraná
4. el Uruguay
5. el río de la Plata
6. el Magdalena

C Regiones. En tu mapa de la América del Sur, indica las siguientes regiones.
1. la cuenca del Amazonas
2. los llanos
3. el gran Chaco
4. las pampas
5. la Patagonia
6. la meseta del Mato Grosso en el Brasil

D Superlativos. Lee los siguientes datos e indica cada lugar en tu mapa de la América del Sur.
1. El río más caudaloso del mundo es el Amazonas.
2. El pico más alto de los Andes es el Aconcagua en Chile.
3. El lago navegable más alto del mundo es el lago Titicaca entre Bolivia y el Perú.
4. El aeropuerto más alto del mundo es el aeropuerto que sirve la capital de Bolivia, La Paz.
5. Uno de los desiertos más secos del mundo es el de Atacama.

Canción del pirata
de José de Espronceda

INTRODUCCIÓN "Quiero ser más libre que un pájaro". ¿Quién diría eso? Lo diría el que quiere escaparse de su rutina diaria para ir a ver el mundo y explorar las zonas exóticas de nuestro planeta. Y hoy en día, ¿cómo lo haría? Sin duda, se compraría un boleto de avión y como un pájaro volaría alrededor del mundo. Y las alas serían las de un jumbo, uno de los grandes jets que cada día circunnavegan el globo. Pero en tiempos pasados, el que tenía ganas de ir a ver los lugares exóticos del mundo no pensaba en el avión. Pensaba en el barco y en alta mar. Nos lo dice el muy conocido poeta español, José de Espronceda.

José de Espronceda (1808–1842) nació en la provincia de Badajoz en España. Fue educado en Madrid y se dedicó a la poesía desde una edad muy temprana. Se considera a Espronceda uno de los mejores poetas líricos del siglo XIX. Es un poeta romántico que está hecho para amar la vida. Tiene una pasión por la libertad total como vamos a ver en el fragmento de su famoso poema que sigue.

Sugerencias Pregúnteles a los estudiantes si quisieran ser más libres que un pájaro. Pregúnteles lo que harían si tuvieran completa libertad. Pregúnteles si preferirían viajar en avión o en barco. ¿Por qué?

JOSÉ DE ESPRONCEDA

Canción del pirata
Haga que los estudiantes lean el poema en voz alta.

Con diez cañones por banda,
Viento en popa a toda vela
No corta el mar, sino vuela
Un velero bergantín:
　　Bajel pirata que llaman
Por su bravura el *Temido*,
En todo mar conocido
Del uno al otro confín.

　　La luna en el mar ríela,
En la lona gime el viento,
Y alza en blando movimiento
Olas de plata y azul;
　　Y ve el capitán pirata,
Cantando alegre en la popa,
Asia a un lado, al otro Europa
Y allá a su frente Stambul.

　　"Navega, velero mío,
　　Sin temor,
Que ni enemigo navío,
Ni tormenta, ni bonanza
Tu rumbo a torcer alcanza,
Ni a sujetar tu valor".

　　"Veinte presas
　　Hemos hecho
　　A despecho
　　Del inglés,
　　Y han rendido
　　Sus pendones
　　Cien naciones
　　A mis pies".

　　"Que es mi barco mi tesoro
Que es mi Dios la libertad,
Mi ley la fuerza y el viento,
Mi única patria la mar".

ACTIVIDADES

● **A** **"Canción del pirata".** Dibuja lo que ves al leer este poema.

● **B** **Comprensión.** Lee de nuevo el poema "Canción del pirata" y contesta las siguientes preguntas.
1. ¿Cuántos cañones hay en el barco?
2. ¿De dónde viene el viento?
3. ¿Cómo anda el barco?
4. ¿Cómo llaman al barco? ¿Por qué?
5. ¿Dónde está el capitán? ¿Cómo está?
6. ¿Qué ve? ¿A quién habla?
7. ¿Qué puede hacer cambiar el rumbo del barco?
8. Para él, ¿qué es su barco?
9. ¿Qué es su Dios?
10. ¿Cuál es su única patria?

● **C** **Análisis.** ¿Qué simboliza la última estrofa de este fragmento de "Canción del pirata"?

Actividades

A y C
Las respuestas pueden variar.

B 1. 10; **2.** de detrás del barco;
3. rápido; **4.** el *Temido*—lo temen;
5. en la popa—alegre; **6.** Asia y
Europa—al velero (al barco); **7.** nada;
8. su tesoro; **9.** la libertad; **10.** la
mar

NUESTRA CREATIVIDAD

UNA VISTA DEL CAMPO,
PUERTO RICO

ACTIVIDADES

Actividades A, B y C
Las respuestas pueden variar.

A Expresión escrita. En uno o dos párrafos describe los elementos geográficos de donde tú vives.

B Actividad cooperativa. Trabajando en grupos de tres o cuatro, hagan algunas investigaciones sobre el área donde viven. Preparen una lista de los recursos naturales, productos e industrias importantes de la región.

C Expresión escrita. Lee una vez más el poema "Canción del pirata" y escríbelo en prosa, en forma narrativa.

INDUSTRIA PETROLERA,
AKAL, MÉXICO

Lee los siguientes anuncios. ¿Cómo preferirías viajar, en avión o en barco? ¿Por qué?

Crucero Sol

¡Hay Algo Para Todos y a un Solo Precio con Todo Incluido!

- Disfrute de desayuno, almuerzo y cena todos los días en el comedor.
- Satisfaga su apetito con servicio gratuito de cabina las 24 horas del día.
- Pruebe su suerte en el Gran Casino.
- Entreténgase con grandes espectáculos en el salón Tropigala después de su cena.
- Baile hasta el amanecer en la discoteca Extasy.
- Cante boleros en el Club Festiva.
- Disfrute con los ritmos de salsa y merengue en el salón Salsa Plaza.
- Diviértase con tres grupos musicales.
- Conozca al capitán en la fiesta celebrada en su honor.
- Comience o termine la noche con una divertida Fiesta Internacional de Medianoche.
- Entreténgase viendo películas en el Cine Internacional, disponible 18 horas al día.
- Los muchachos podrán divertirse con los juegos de video en la Galería Zap it!
- Los jóvenes tienen revistas, juegos, videos musicales para ver a sus estrellas en el Club Jukebox.
- Los pequeños disfrutarán de los mejores videos infantiles.
- Los niños se divertirán con actividades supervisadas en la Guardería Alegría.
- Compre en las tiendas libres de impuestos.
- Y mucho más.

¡Gratis! Antes de planear sus vacaciones asegúrese de solicitarle a su agente de viajes nuestro folleto de 24 páginas.

7 Días desde US$**599***
Crucero solamente

4 Días desde US$**439***
Incluye Tarifa Aérea
Entre San Juan/Caracas

3 Días desde US$**299***
Incluye Tarifa Aérea
Entre Caracas/San Juan

¡Ahorros por Reservación Anticipada!

Haga sus reservaciones antes del 31 de agosto para las salidas desde el 22 de octubre hasta el 17 de diciembre y ahorre US$300 por persona/US$600 por cabina en cruceros de 7 días y US$100 por persona/US$200 por cabina en cruceros de 3 y 4 días.

*Precio por persona, cabina doble, incluyendo los Ahorros por Reservación Anticipada. No incluye impuestos, propinas ni gastos personales. Reservaciones sujetas a los términos y condiciones publicados en el folleto Crucero Sol. Al final del crucero una noche de hotel es requerida debido al horario de vuelos a estas dos ciudades, este gasto no está incluido. Registro Bahamas.

Ahorre US$**600***
por Cabina

CAPÍTULO 9

NUESTRO CONOCIMIENTO ACADÉMICO

EL CLIMA Y EL TIEMPO

El clima y el tiempo son dos cosas muy diferentes. El tiempo es la condición de la atmósfera en un lugar durante un período breve. El tiempo puede cambiar frecuente y repentinamente. Puede cambiar varias veces en un solo día. Por ejemplo, la mañana puede estar soleada con temperaturas altas mientras en la tarde hay nubes y aguaceros con temperaturas más bajas.

Clima es el término que se usa para el tiempo que prevalece en una zona por un período de larga duración. El clima es el tiempo que hace cada año en el mismo lugar. El clima apenas cambia.

PLAYA PLACENTERA,
REPÚBLICA DOMINICANA

La luz solar

La cantidad de luz solar (del sol) que recibe una región influye enormemente en su clima y tiempo. Otros factores que ejercen una influencia sobre el clima y el tiempo son las corrientes del océano, los vientos y las formaciones terrestres.

La meteorología

La meteorología es la ciencia que se dedica al estudio de los fenómenos atmosféricos incluyendo el clima y el tiempo. Así es que cuando queremos saber sobre el tiempo que hará mañana, escuchamos la radio o televisión o leemos el pronóstico meteorológico en el periódico.

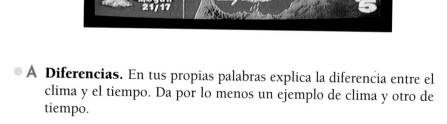

Análisis Pregúnteles a los estudiantes: ¿Por qué influye en el clima y tiempo de una región la cantidad de luz solar que recibe?

Nota En la sección *Nuestra cultura* de este capítulo los estudiantes van a aprender como influyen las formaciones terrestres y las corrientes del océano en el clima y tiempo de las Américas.

ACTIVIDADES

Actividades A, B y C
Las respuestas pueden variar.

Proyecto: Expresión oral Haga que los estudiantes preparen y presenten oralmente a la clase el pronóstico meteorológico. Deben presentarlo de la manera más profesional posible, como si estuvieran en la televisión.

A Diferencias. En tus propias palabras explica la diferencia entre el clima y el tiempo. Da por lo menos un ejemplo de clima y otro de tiempo.

B El tiempo, hoy. Describe el tiempo que está haciendo hoy donde tú vives.

C El clima. Describe el clima donde tú vives. ¿Cuántas estaciones hay donde vives? ¿Qué tiempo hace en cada una de estas estaciones?

Nuestro idioma

Sílabas

Sugerencia Escriba las palabras "modelo" en la pizarra (el pizarrón) dividiéndolas en sílabas empleando una raya.

1. Una sílaba es una o más letras que se pronuncian con un solo esfuerzo de voz. Pronuncia con cuidado las siguientes palabras.

mapa	costa
pico	selva
playa	isla

    En estas palabras, ¿cuántas sílabas oyes? ¿Dos? Pues, tienes razón. Por lo general, nota que una sílaba se separa después de una vocal (*ma-pa*) y entre dos consonantes (*cos-ta*).

2. Ahora pronuncia cuidadosamente las siguientes palabras de tres y cuatro sílabas.

tropical	continente
Caribe	montañoso
andino	caluroso

3. A las sílabas que terminan en vocal se les llama sílabas directas y a las que terminan en consonante se les llama sílabas inversas.

DIRECTAS	INVERSAS
Ca-ri-be	**ins-pec-tor**

El acento

1. Lee con cuidado las siguientes palabras.

ca-sa	me-se-ta	mon-ta-ño-so
me-sa	co-li-na	con-ti-nen-te

    Nota que todas estas palabras terminan en vocal. La sílaba recuadrada es la que se pronuncia con más fuerza. Es la sílaba que recibe el acento y se llama la sílaba tónica. Mira las palabras una vez más. ¿Cuál es la sílaba que recibe el acento, o sea, cuál es la sílaba tónica? ¿La última? ¡No! ¿La que precede a la última? ¡Sí! La sílaba que precede a la última es la penúltima sílaba. En general, las palabras que terminan en vocal reciben el acento en la penúltima sílaba.

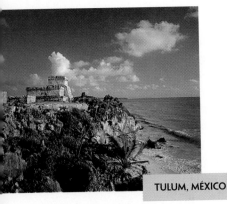

TULUM, MÉXICO

Dígales a los estudiantes que levanten la mano al pronunciar la sílaba tónica.

2. Lee las siguientes palabras.

CONSONANTE	N, S
mo-tor	ha-blan
fac-tor	co-men
ca-lor	a-pren-den
ci-vil	ca-sas
ver-dad	An-des
u-ni-ver-si-dad	mon-ta-ñas

Nota que una palabra que termina en consonante, con la excepción de -n y -s, recibe el acento en la última sílaba. Las palabras que terminan en -n o -s reciben el acento en la penúltima sílaba, al igual que las palabras que terminan en vocal.

3. Una palabra cuya sílaba tónica, la que recibe el acento, es la última es una palabra aguda. Una palabra cuya sílaba tónica es la penúltima es una palabra llana o grave.

AGUDA	LLANA
ha-blar	ha-blan

ACTIVIDADES

A Separa las siguientes palabras en sílabas.

1. zona
2. clima
3. andina
4. tropical
5. costa
6. occidental
7. continente
8. primavera
9. eterna
10. calor
11. tempestad
12. latitud

B Indica la sílaba tónica de las siguientes palabras.

1. zona
2. Cuba
3. calor
4. caluroso
5. continente
6. neblina
7. latitud
8. ecuador
9. soplan
10. brisas

C Corrige las oraciones que no sean correctas.

1. La palabra brisa termina en vocal.
2. La palabra calor termina en vocal.
3. Una sílaba tónica es la que recibe el acento.
4. La sílaba que recibe el acento en una palabra que termina en vocal es la última.
5. La sílaba que recibe el acento en una palabra que termina en consonante es la última.
6. Las palabras que terminan en -d o -s reciben el acento en la penúltima sílaba.
7. Una palabra aguda recibe el acento en la última sílaba.
8. Una palabra llana recibe el acento en la última sílaba.

EL CLIMA EN LATINOAMÉRICA

VISTA ANDINA, PERÚ

Hay mucha gente que cree que toda Latinoamérica tiene un clima tropical, pero es erróneo. El clima de Latinoamérica varía de una región a otra. Un factor que influye mucho en el clima es la elevación. Por consiguiente, en el mismo ecuador hace frío en las zonas andinas.

Zonas tropicales

Toda la cuenca amazónica es una región tropical. Allí hace mucho calor durante todo el año. Es una región muy húmeda donde las lluvias son frecuentes y abundantes durante todo el año. La vegetación de las selvas amazónicas es tan densa que es imposible penetrar en algunas regiones.

Hay también zonas tropicales en partes de Venezuela, Colombia, Centroamérica, el sur de México y las islas del Caribe. Estas áreas son calurosas y húmedas pero no necesariamente durante todo el año. Gozan de dos estaciones: el verano y el invierno. Pero las estaciones tienen más que ver con

la lluvia que con la temperatura. El invierno es la estación lluviosa y el verano es la estación seca. Las variaciones en temperatura entre las dos estaciones del año son mínimas.

Zonas montañosas

En las zonas montañosas de México, Centroamérica y la costa occidental de la América del Sur, el clima depende de la elevación. A nivel del mar puede hacer calor pero en los picos andinos, a una

SELVA TROPICAL, ECUADOR

Análisis ¿Por qué hace frío en las zonas altas de las montañas? ¿Por qué es imposible penetrar algunas regiones de la cuenca amazónica?

altura de unos 3.000 metros, hace mucho frío porque cuando el aire sube, se enfría. Por consiguiente, en la misma latitud del ecuador hay selvas tropicales en la cuenca amazónica y picos nevados en la región andina. En las regiones muy altas, el terreno es muy rocoso y hay muy poca vegetación.

Algunas ciudades como San José en Costa Rica, Tegucigalpa en Honduras y la Ciudad de México en México están a una elevación ideal y gozan de una "primavera eterna".

Contrastes

Si miras el mapa de la América del Sur, vas a ver que Lima, Perú, en el Pacífico y Salvador, Brasil, en el Atlántico están en la misma latitud. En Salvador siempre hace calor pero no sucede así en Lima. ¿Por qué, si están en la misma latitud y ambas están al nivel del mar? Porque la corriente Humboldt, llamada también la corriente del Perú, baña la costa occidental de la América del Sur desde Chile hasta el Perú. Esta corriente de agua fría afecta el litoral de

Chile y el Perú. Un fenómeno especial en Lima es la garúa, un tipo de neblina que cubre la ciudad de mayo a septiembre. Durante el invierno limeño no se ve el sol, aunque brilla a poca distancia al este de la ciudad.

Clima templado

Unas partes de la Argentina, Uruguay y Chile tienen un clima templado con cuatro estaciones: verano, otoño, invierno y primavera. Y el tiempo cambia con cada estación. Bariloche en la frontera entre la Argentina y Chile y la región cerca de Santiago son paraísos para los esquiadores que acuden en el invierno, de junio a septiembre. Las estaciones en la América del Sur son inversas a las de la América del Norte.

La Patagonia es la región meridional de Chile y Argentina. En la Patagonia, sobre todo en el sur que está bastante cerca de la Antártida, hace mucho frío y casi siempre soplan vientos fuertes. Es una tierra escarpada y rocosa con muy poca vegetación, casi inhóspita.

Permítales a los estudiantes que coloquen las ciudades de Lima y Salvador en un mapa de la América del Sur.

ACTIVIDADES

Actividades

A **1.** tropical, mucho calor durante todo el año, mucha humedad con lluvias abundantes y frecuentes todo el año; **2.** calurosas y húmedas pero con dos estaciones: la lluviosa y la seca; **3.** hace mucho frío, los picos altos están cubiertos de nieve

B Las respuestas pueden variar.

C **1.** un tipo de neblina; **2.** en Lima; **3.** el verano es la estación seca y el invierno la estación lluviosa

A Hechos. Describe el clima de los siguientes lugares.
1. la cuenca amazónica   3. la altiplanicie andina
2. las islas del Caribe

B Razonamiento.
1. Explica cómo es posible que en la misma latitud cerca del ecuador haya picos cubiertos de nieve y selvas tropicales.
2. Explica por qué es posible que el clima de Lima y el de Salvador sean muy diferentes aunque estas dos ciudades están en la misma latitud y a la misma altura.
3. Explica por qué se dice que ciudades tales como San José, Tegucigalpa y la Ciudad de México son ciudades de "primavera eterna".

C Hechos.
1. ¿Qué es la garúa?
2. ¿Dónde hay garúa?
3. En muchas áreas de Latinoamérica, ¿qué es el verano? ¿Y qué es el invierno?

NUESTRA LITERATURA

DESDE LEJOS PARA SIEMPRE
de Nicolás Mihovilovic

INTRODUCCIÓN La novela *Desde lejos para siempre* de Nicolás Mihovilovic tiene lugar en la Patagonia, en Punta Arenas, la ciudad más austral de Chile. La familia de Mihovilovic había emigrado a esta región de la isla de Brac en el mar Adriático. Punta Arenas es una ciudad pequeña de sólo 80.000 habitantes y unos 25.000 son de ascendencia yugoslava—de Croacia, Bosnia, Herzegovina, Eslovenia, Serbia y Montenegro. La novela *Desde lejos para siempre* es la historia de una familia yugoslava. En su novela el autor describe en más de una ocasión el clima duro y riguroso de la Patagonia.

VISTA DE PUNTA ARENAS, CHILE

Desde lejos para siempre

Preguntas de comprensión
1. ¿Cuántos hijos había en la familia?
2. ¿Qué revisaba papá? 3. ¿Por qué salieron colgados de los brazos de su padre?

Los cuatro estábamos listos para salir, con nuestros bolsones de lona, los zapatos lustrados y uno que otro parche nuevo en los pantalones. Papá pasaba revista: uñas, pelo, guantes, gorra, botones...

En aquella mañana de temporal, como en tantas otras, salimos colgados de los brazos de mi padre, haciendo un racimo que se aferraba a él como a algo indestructible y muchísimo más poderoso que la furia de los ochenta kilómetros por hora con que el viento pretendía arrastrarnos hasta el mismo mar.

Preguntas de comprensión
1. ¿Dónde estaba ubicada la casa?
2. ¿Qué veían al salir de casa? 3. ¿Qué significa que "aquella mañana la bahía hervía de espumas"? 4. ¿Quién venía de Europa? 5. ¿Qué comida iba a preparar mamá?

[1]barba Ivé   tío Ivé

[2]maza la brada   lamerse (la barbilla)

El mar, desde la ladera del cerro en que estaba nuestra casa, era la primera visión que teníamos al salir y nos deteníamos siempre a mirarlo brevemente. Aquella mañana la bahía hervía de espumas. Los lanchones bailaban una danza furiosa, atados a sus boyas y los barcos mayores, un inglés, un griego, dos alemanes y una escampavía de la Armada capeaban a distancia, casi perdidos entre la bruma del agua pulverizada por el huracán.

Pero aquel sábado el mar adquiría una especial significación. Sabíamos desde hacía casi un mes que ese día vendría desde Europa el tío Juan, "barba Ivé"[1] como lo oíamos nombrar en casa; pero, si el temporal no amainaba no habría vapor capaz de entrar al puerto.

Papá trajo aquel día un gran pescado que mi madre comenzó a preparar de inmediato en una olla especial que se usaba muy de tarde en tarde. Ya sabía yo que al día siguiente habría polenta y pescado escabechado, un plato para relamerse: "maza la brada"[2] según la pintoresca expresión adriática, común a dálmatas e italianos.

....

CEMENTERIO, PUNTA ARENAS

Nota En este cementerio de Punta Arenas se ven en las sepulturas muchos nombres de origen yugoslavo.

Los días corrían raudos. Y eran cada vez más cortos, y más fríos. Ya no se podía salir a la calle por las tardes a patear la pelota de goma o jugar con los trompos. Por las mañanas los techos amanecían blancos de rocío helado y las soleras de madera de las aceras aparecían igualmente blancas y resbalosas. Luego vendría el largo invierno con la alegría de la nieve y la tristeza de los deshielos y el barro.

Barba lvé venía casi todos los días. Estaba más flaco y pálido y hasta cojeaba un poco más. Esperaba respuesta a una carta que había mandado a Europa, pero la respuesta no llegaba. Se sentaba melancólico junto a la negra cocina y dejaba caer frases breves y tristes. Mi madre lo miraba con ternura y movía la cabeza con ademán desalentado.

En los ratos que la atención del boliche le dejaba libre papá se llegaba hasta la cocina y ponía su mano poderosa sobre el hombro de tío, sin decir palabra. Barba Ivé se animaba entonces y sonreía tristemente.

Sugerencia Pídale a un estudiante que dé una descripción del tío.

ACTIVIDADES

● **A La Patagonia para mí.** Después de haber leído las descripciones del tiempo en Punta Arenas, ¿crees que te gustaría vivir allí? ¿Por qué?

● **B Un tipo.** Según lo que sabes de esta región del mundo, ¿cuáles serían las características del individuo que quisiera vivir allí?

● **C Imaginación.** ¿Qué tipo de carta estará esperando el tío Juan?

● **D Vocabulario.** Emplea cada una de las siguientes palabras o expresiones en una oración original.
1. pasar revista
2. la ladera del cerro
3. capear
4. patear la pelota
5. amanecer
6. el rocío helado
7. resbaloso
8. el barro
9. con ternura
10. dejar libre

UNA CALLE RESIDENCIAL, PUNTA ARENAS

NUESTRA CREATIVIDAD

ACTIVIDADES

Actividades

A   Las respuestas pueden variar.

B   Las respuestas pueden variar.

Sugerencia Haga que los estudiantes lean en voz alta los versos de la Actividad B.

C   Las respuestas pueden variar.

Sugerencia Los estudiantes que escriben las mejores cartas pueden leerlas a la clase.

A **Actividad cooperativa.** Trabajando en grupos de tres o cuatro, lean las siguientes palabras. Todas pueden emplearse para describir el tiempo. Es posible que no conozcan todas estas palabras. Ayúdense con sus definiciones.

agradable	espléndido	lluvioso
apacible	estupendo	magnífico
bochornoso	feo	malo
caluroso	fresco	revuelto
delicioso	frío	seco
desagradable	horrible	sereno
desapacible	húmedo	tempestuoso
despejado	inclemente	variable
duro	inestable	ventoso

Después de leer estas palabras y determinar su significado, escojan los adjetivos que pueden usar para describir el buen tiempo y los que pueden usar para describir el mal tiempo. Luego trabajando juntos, escriban un párrafo describiendo un día magnífico y un día horrible.

B **Unos versos.** Lee lo siguiente y en tus propias palabras explica el significado.

Cuando marzo mayea, abril marcea;
marzo marcea y abril acantalea,
marzo ventoso y abril lluvioso
sacan a mayo florido y hermoso.

C **Actividad cooperativa.** En un grupo de tres, escríbanle al tío Juan la carta que está esperando de Europa.

"DÍA DE LAS FLORES", DIEGO RIVERA

NUESTRA CREATIVIDAD   **101**

Nuestras Diversiones

Lee este artículo sobre los daños causados por la lluvia en México. Y después, lee el pronóstico meteorológico que apareció en un periódico de España.

Intenso aguacero en Monterrey, N.L.

MONTERREY, N.L., Mayo 2 (SUN).– Un muerto, 18 heridos, más de 150 familias reubicadas, colonias anegadas, unos 200 accidentes viales, amplios sectores sin energía eléctrica, fue el saldo de la lluvia que azotó desde la medianoche de este lunes la zona metropolitana de esta capital.

En los últimos minutos del lunes fuertes descargas eléctricas se dejaron sentir en la zona conturbada integrada por siete municipios y por casi dos horas alumbraron la ciudad, mientras una docena de colonias quedó sin energía eléctrica con afección para más de 50.000 personas.

Además, durante la madrugada, un autobús de pasajeros se estrelló contra un auto a consecuencia del pavimento mojado en la carretera a Nuevo Laredo, Tamaulipas, con un saldo de una persona muerta y 18 heridas.

Hasta las 17:00 horas de este martes los últimos informes de Protección Civil indicaron que unas 150 familias habían sido reubicadas de las partes bajas de la ciudad, principalmente en los municipios metropolitanos de Apodaca, San Nicolás y Guadalupe, cuyas viviendas fueron inundadas.

Refirieron que los pasos a desnivel y las avenidas de la ciudad arrastraron gran corriente de agua, por lo que más de una veintena de vehículos tuvo que ser ayudada por elementos de los cuerpos de rescate.

Sin embargo, expresaron que todavía esta tarde persistían las lluvias y aunque han sido intensas, en el día los informes de la Secretaría de Agricultura y Recursos Hidráulicos y de la Comisión Nacional del Agua señalaron que no son lo suficientemente abundantes para recuperar el abasto de agua de las presas y beneficiar la agricultura y ganadería que atraviesan por una crisis de sequía desde hace 16 meses.

Además, las autoridades de Protección Civil y de los cuerpos de rescate se mantienen a la expectativa y acuartelados ante los destrozos que causó la corriente que anegó las calles y avenidas.

Algunas nubes en las montañas

El cielo estará casi despejado en todo el país, sólo habrá intervalos parcialmente nubosos, en general con predominio de nubes altas durante la tarde en las cordilleras de la Península. Los vientos soplarán flojos del noreste en Canarias, del este en el Estrecho y del suroeste en la costa atlántica de Galicia. Se formarán nieblas por la mañana en casi toda la Península. Las temperaturas subirán en todo el país, preferentemente en el Cantábrico. Para mañana seguirá el predominio de los cielos casi despejados en todo el país solamente con algunas nubes por la tarde en los sistemas montañosos de la Península. Las temperaturas seguirán en ascenso. Se repetirán las nieblas. **Europa.** *Londres:* parcialmente nuboso, ligero ascenso térmico. *Roma:* despejado, nieblas, ascenso térmico. *París:* casi despejado, nieblas, ligero ascenso térmico. *Francfort:* casi despejado, nieblas, ligero ascenso térmico.

CAPÍTULO 10

Nuestro conocimiento académico

Medicina y médicos

Historia de la medicina

El siglo XVI fue un siglo de progreso y avances médicos gracias a las disecciones y estudios minuciosos de cadáveres que hizo el famoso pintor y científico italiano Leonardo da Vinci, y gracias a los estudios e investigaciones de Andrés Vesalio. Andrés Vesalio era belga y sirvió de médico a los Reyes de España, Carlos V y Felipe II. Es a Vesalio a quien se debe la medicina moderna porque es el padre de la anatomía—el estudio de la estructura del cuerpo humano—y de la fisiología—el estudio de las funciones del organismo humano, tales como la nutrición, la motricidad, la sensación y la percepción. En 1544 él publicó su famoso tratado *La estructura del cuerpo humano.*

LEONARDO DA VINCI

Especializaciones médicas

La medicina ha progresado mucho desde el siglo XVI y ha habido avances increíbles. Aquí tienes una lista de especialidades y los correspondientes especialistas médicos que tenemos a nuestra disposición hoy en día.

UNA AMBULANCIA EN VALENCIA

El propósito de esta sección es el de familiarizar a los estudiantes con algunos términos importantes que deben dominar sobre la medicina.

Para empezar, Ud. puede leerles a los estudiantes la lista de especializaciones en la página 105. Llame a voluntarios para que expliquen en sus propias palabras lo que es la especialización. Así Ud. puede determinar el conocimiento o falta de conocimiento que tienen los estudiantes. Esta evaluación le ayudará a determinar con qué profundidad será necesario presentar esta materia.

ESPECIALIZACIÓN	ESPECIALISTA	DEFINICIÓN
alergología	alergista, alergólogo	Es el estudio de los mecanismos de la alergia y las enfermedades alérgicas.
cirugía	cirujano	Es la parte de la medicina que tiene por objeto curar las enfermedades por medio de operaciones o intervenciones quirúrgicas.
dermatología	dermatólogo	Es el tratado de las enfermedades de la piel.
medicina interna	internista	Es el estudio y tratamiento de las enfermedades que afectan los órganos internos.
cardiología	cardiólogo	Es el tratado o estudio del corazón y la circulación, sus funciones, sus padecimientos y tratamiento.
endocrinología	endocrinólogo	Es el estudio de las glándulas de secreción interna.
gastroenterología	gastroenterólogo	Es la rama de la medicina que se ocupa del estómago, los intestinos y todo el aparato digestivo y sus enfermedades.
ginecología	ginecólogo	Es el estudio de las enfermedades de la mujer.
infectología	infectólogo	Como indica el término, es la rama de la medicina que trata las enfermedades contagiosas.
neumología	neumólogo	Es la rama de la medicina que estudia y trata las enfermedades de los pulmones y del aparato respiratorio.
nefrología	nefrólogo	Es la rama de la medicina que estudia el riñón y sus enfermedades.
neurología	neurólogo	Es el estudio del sistema nervioso.
obstetricia	obstetra	Es la parte de la medicina que trata la gestación, el parto y el puerperio.
oftalmología	oftalmólogo	Es la parte de la medicina que trata las enfermedades del ojo.
oncología	oncólogo	Es la rama de la medicina que se ocupa de los crecimientos neoplásicos, del cáncer y su tratamiento incluyendo la quimioterapia.
ortopedia	ortopedista	Es la rama de la cirugía relacionada con el tratamiento correctivo de deformidades y enfermedades del aparato locomotor, en especial las que afectan los huesos, músculos y articulaciones.

Nota Con frecuencia, el infectólogo se llama especialista en enfermedades contagiosas (infecciosas) y el neumonólogo se llama especialista en enfermedades pulmonares.

ESPECIALIZACIÓN	ESPECIALISTA	DEFINICIÓN
otorrinolaringología	otorrinolaringólogo	Es la parte de la medicina que trata las enfermedades del oído, de la nariz y de la laringe.
pediatría	pediatra	Es la rama de la medicina que estudia las enfermedades de los niños y su tratamiento.
psiquiatría	psiquiatra	Es la ciencia que trata las enfermedades mentales.
radiología	radiólogo	Es la parte de la medicina que estudia las radiaciones, especialmente los rayos X, en sus aplicaciones al diagnóstico y tratamiento de enfermedades.
urología	urólogo	Es la parte de la medicina que estudia y trata el aparato urinario.

ACTIVIDADES

Actividad A
1. el oftalmólogo; 2. el neumonólogo;
3. el obstetra; 4. el radiólogo;
5. el urólogo; 6. el dermatólogo;
7. el gastoenterólogo; 8. el alergista;
9. el otorrinolaringólogo; 10. el otorrinolaringólogo; 11. el ginecólogo;
12. el ortopedista; 13. el infectólogo;
14. el cardiólogo; 15. el pediatra

A ¡Al médico! Indica a qué médico tiene que consultar el o la paciente.

1. Dice que tiene dificultad para leer porque no ve bien la página. Todo le parece muy borroso.
2. Tiene dificultad para respirar. Cree que tiene asma.
3. Está encinta.
4. Necesita unos rayos X.
5. Está orinando con mucha frecuencia.
6. Tiene una erupción en la piel.
7. Le duele mucho el estómago y tiene vómitos.
8. Siempre está estornudando y le pican los ojos. Es posible que tenga la fiebre del heno.
9. Tiene sinusitis.
10. No oye bien.
11. Tiene problemas con la regla (la menstruación).
12. Tiene un hueso dislocado.
13. Necesita una inyección contra el cólera.
14. Le duele mucho el pecho.
15. Quiere que su bebé tenga un examen médico.

UNA MÉDICA EN SU CONSULTORIO

B **Aprendiendo más** ¿Has oído la palabra galeno? ¿A quién le llaman un galeno? En español se le llama un galeno a un médico. Viene del nombre de un famoso médico griego que vivió entre 131 y 210. ¿Cómo se llamaba? Se llamaba Galeno.

NUESTRO IDIOMA

El acento

1. Lee con cuidado las siguientes palabras.

A	B	C	D
teléfono	Perú	árbol	salón
fenómeno	café	túnel	tacón
húmedo	comí		ladrón
compró			

Todas estas palabras llevan un acento ortográfico (escrito) o punto diacrítico que se llama una tilde. ¿Por qué es necesario escribir la tilde? Es necesario escribirla porque estas palabras no conforman con la regla para el acento y la tilde nos indica la sílaba tónica o acentuada de la palabra.

2. Según la regla, la sílaba tónica (la que recibe el acento) de una palabra que termina en vocal es la penúltima. Pero en el caso de las palabras en la columna *A*, la sílaba tónica no es la penúltima sino la antepenúltima. No conforma con la regla. Por eso es necesario poner la tilde en la sílaba tónica. A estas palabras que reciben el acento en la antepenúltima sílaba se les llama palabras esdrújulas.

   húmedo   teléfono   amazónico

3. En el caso de las palabras en la columna *B*, la sílaba tónica es la última y no la penúltima. Rompen la regla, y por consiguiente, es necesario escribir la tilde.

   café   comí   compró

4. Si una palabra termina en consonante, la sílaba tónica es la última pero ése no es el caso de las palabras en la columna *C*. No conforman con la regla y es necesario escribir la tilde.

   árbol   túnel

5. Las palabras que terminan en las consonantes *-n* o *-s* reciben el acento en la penúltima sílaba. Hay que escribir la tilde si hay una excepción. Las palabras de la columna *D* reciben el acento en la última sílaba, no la penúltima.

   salón   tacón   hablarás   venderás

Sugerencia Haga que los estudiantes leventen la mano al pronunciar cada sílaba tónica.

Escriba una o más palabras en la pizarra (el pizarrón) indicando en cada una la última, penúltima y antepenúltima sílaba para ayudar a los estudiantes a comprender el significado de estos términos.

Ortografía

Debido a que pronunciamos de manera igual las consonantes *g* y *j* en combinación con *e* o *i*, tenemos que tener cuidado en diferenciarlas cuando las escribimos. Observa las siguientes palabras.

magia	ejército
refugio	relojería
general	jefe
gigante	jíbaro

Actividades

A **3.** estómago; **4.** riñón; **6.** está enfermo; **7.** médico; **8.** clínica; **9.** píldora; **11.** Tomás; **12.** síntoma; **13.** físico; **14.** fácil; **15.** difícil; **17.** glóbulo; **18.** azúcar; **20.** lípido; **22.** célula; **23.** hígado

B Déles el dictado a los estudiantes. Luego, lea cada oración una vez más para que los estudiantes puedan revisar su trabajo.

A Escribe las siguientes palabras en una hoja de papel y escribe la tilde cuando sea necesario. Luego prepárate para un dictado de estas palabras.

1. gripe
2. dolor
3. estomago
4. riñon
5. catarro
6. esta enfermo
7. medico
8. clinica
9. pildora
10. comprimido
11. Tomas
12. sintoma
13. fisico
14. facil
15. dificil
16. vitamina
17. globulo
18. azucar
19. colesterol
20. lipido
21. mineral
22. celula
23. higado
24. aparato

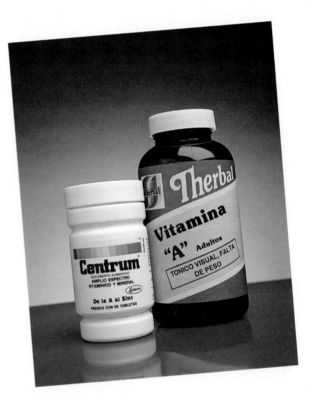

B Prepárate para un dictado.

1. El jíbaro generoso fue a la relojería.
2. El jefe de los egipcios no es gigante.
3. El ejército buscó refugio.

Biografía de un Médico Cubano

El doctor Antonio Gasset nació en La Habana en 1936. Recibió su bachiller en ciencias de la Universidad de Belén en Cuba y luego estudió en la Facultad de Medicina de la Universidad de La Habana. Poco después de terminar sus estudios médicos salió de Cuba por motivos políticos y se instaló en Boston donde trabajó de técnico de laboratorio en la Fundación Retina de Boston. Le interesó tanto el trabajo que decidió especializarse en oftalmología y empezó a tomar cursos para graduados en Harvard. Luego se trasladó a la Universidad de la Florida donde continuó con su especialización.

El doctor Gasset llegó a ser profesor auxiliar de oftalmología en la Facultad de Medicina de la Universidad de la Florida y cuando tenía sólo 36 años dirigía a un equipo de seis investigadores. Bajo la dirección del doctor Gasset el equipo descubrió un tratamiento para la "keratoconus", una

ANTONIO GASSET

enfermedad de la córnea que causa la ceguera. Con este descubrimiento empezó un diluvio de honores para el doctor Gasset. Entre otros muchos honores recibió el Premio Hunter Romaine de la Asociación de Oftalmólogos y dos veces recibió el Premio al Mérito de la Asociación Médica Estadounidense. Luego vino su mayor triunfo. Descubrió un método para tratar la córnea enferma con una sonda delgadísima. Diez personas que habían sido declaradas legalmente ciegas se prestaron voluntariamente a su tratamiento experimental. Y todas recobraron la normalidad o casi normalidad de la vista. La técnica, conocida científicamente por las letras TKP, toma menos de un minuto para su aplicación.

El doctor Gasset es miembro del Instituto Nacional de los Ojos y sigue haciendo nuevas investigaciones para el beneficio común.

LA UNIVERSIDAD DE LA FLORIDA, GAINESVILLE

Actividades

Actividad A
1. Antonio Gasset; **2.** La Habana; **3.** Universidad de Belén, Universidad de La Habana; **4.** por motivos políticos; **5.** en Boston; **6.** oftalmología; **7.** Universidad de la Florida; **8.** un tratamiento para la "keratoconus"; **9.** TKP

● **A Hechos.** Busca la siguiente información.
1. el nombre del doctor
2. dónde nació
3. dónde estudió
4. por qué salió de Cuba
5. dónde se instaló
6. su nueva especialización
7. dónde tomó cursos graduados
8. su primer descubrimiento
9. su segundo y más importante descubrimiento

Nuestra Literatura

Si eres bueno...

de Amado Nervo

INTRODUCCIÓN El poema que sigue del poeta mexicano Amado Nervo trata de la paz. Si estamos en paz o no sufrimos de ningún estrés, estamos sanos y contentos. En su poema titulado "Si eres bueno..." el célebre poeta Amado Nervo nos dice cómo podemos alcanzar la paz.

El verdadero nombre de Amado Nervo (1870–1919) era José. Pero él prefirió Amado, el nombre de su padre. Fue seminarista pero dejó la carrera religiosa y entró en el servicio diplomático. Fue ministro del Perú en Argentina, Paraguay y Uruguay. Murió en Montevideo en 1919. Era un hombre tan popular y tan amado que hubo duelo nacional. El gobierno uruguayo habilitó un crucero para llevar sus restos a México.

Amado Nervo cultivó varios géneros literarios. Pero se destacó como poeta. En sus poesías, despojadas de adornos, quedan huellas del hombre religioso. La forma de sus poesías tiende a la sencillez.

AMADO NERVO

Si eres bueno...

Sugerencias Lea la poesía en voz alta con mucha expresión para ayudar a los estudiantes a comprenderla.

Pídales a los estudiantes que den ejemplos de otras cosas que se pueden hacer para alcanzar la paz.

Si eres bueno, sabrás todas las cosas
sin libros: y no habrá para tu espíritu
nada ilógico, nada injusto, nada
negro, en la vastedad del universo.

El problema insoluble de los fines
y las causas primeras,
que ha fatigado a la Filosofía,
será para ti diálogo sencillo.

El mundo adquirirá para tu muerte
una divina transparencia, un claro
sentido, y todo tú serás envuelto
en una inmensa paz...

TRIOLET
de Manuel González Prada

MANUEL GONZÁLEZ PRADA

INTRODUCCIÓN Aquí tenemos una poesía que habla de los ojos. Empieza con "Algo me dicen tus ojos". Aun los médicos dicen que los ojos son muy reveladores. Al mirar los ojos pueden discernir si el paciente tiene buena salud o no. En esta poesía del autor peruano Manuel González Prada el poeta dice que no sabe exactamente lo que le están diciendo los ojos. Pero están diciendo algo.

Manuel González Prada nació en Lima en 1848. Analizó y criticó todos los males de su patria con la esperanza de renovarla y hacerla sana. Aborreció toda forma de servidumbre, violencia y mentira. Amó la libertad, la justicia, la belleza y la verdad. González Prada viajó mucho y leyó las obras de los autores de muchos países europeos. Él escribió muchos versos de una variedad extraordinaria.

Triolet

Si hay en la clase un(a) estudiante que tenga talento como actor/actriz, dígale que lea estos versos en voz alta a la clase.

Algo me dicen tus ojos
mas lo que dicen no sé.
Entre misterio y sonrojos,
algo me dicen tus ojos.
¿Vibran desdenes y enojos
o hablan de amor y de fe?
Algo me dicen tus ojos
mas lo que dicen no sé.

ACTIVIDADES

Actividades

A Las respuestas pueden variar.

B **1.** desdén; **2.** sonrojo; **3.** enojo; **4.** fe; **5.** misterio

C a-b-a-a; a-b-a-b

D Las respuestas pueden variar.

A Emociones. ¿Cuál es una emoción que el poema "Si eres bueno…" de Amado Nervo evoca en ti? ¿Cómo te sientes al leerla?

B Vocabulario. Lee el poema "Triolet" de González Prada y busca las palabras cuyas definiciones siguen.
1. indiferencia despreciativa, desprecio
2. rubor causado por la vergüenza
3. cólera, molestia
4. creencia, confianza
5. cosa secreta

C Rima. ¿Cuál es la rima de "Triolet" de González Prada?

D Yo. ¿Eres una persona que se sonroja fácilmente? ¿Cuáles son algunas cosas que te hacen sonrojar?

NUESTRA CREATIVIDAD

QUIRÓFANO, NUEVA YORK

HOSPITAL UNIVERSITARIO, CARACAS

Dígales a los estudiantes que preparen una lista de los puestos que existen para los que quieran trabajar en el campo de servicios de salud.

ACTIVIDADES

Actividades A y B
Las respuestas pueden variar.

● **A Expresión escrita.** Lee de nuevo el poema de González Prada. Luego escribe una conversación imaginaria que entablan (tiene lugar entre) las dos personas: la persona que habla en el poema y la persona en cuyos ojos está mirando.

● **B Expresión escrita.** En uno o dos párrafos explica si a ti te gustaría ser médico(a) o enfermero(a). Explica si una carrera en los servicios médicos te interesaría o no. ¿Por qué?

NUESTRAS DIVERSIONES

Lee este artículo "Si quieres bajar esas libras de más". De todas las sugerencias, ¿cuál sería para ti la más fácil de seguir y cuál sería la más difícil?

Si quiere bajar esas libras de más...

Esconda la sartén en la alacena, pues así se verá forzada a hacer todo a la plancha. Notará que la carne, el pescado y las aves sabrán mejor.

No se rompa la cabeza tratando de combinar los ingredientes perfectos en una ensalada: mezcle todo lo que tenga en pedacitos pequeños.

Busque sustitutos de menos calorías para los ingredientes más recurridos; por ejemplo, en vez de azúcar, use miel, y en vez de leche (para los cereales), use jugo de naranja.

En vez de usar la crema agria en recetas, use yogurt natural.

Para espesar las salsas olvídese de las harinas y las mezclas más comunes. En su lugar utilice harina de maíz instantánea.

Prepare los guisos el día antes y deje que se enfríen totalmente. Luego, antes de calentarlo, quite con una cuchara toda la grasa que ha subido a la superficie.

Si va a utilizar una sartén, tenga en casa una antiadherente (de las que no se pegan), para que pueda cocinar en ellas sin tener que utilizar ningún tipo de grasa. Manténgala en buenas condiciones limpiando su interior con un papel de cocina. No la friegue ni la restriegue.

CAPÍTULO 11

Nuestro conocimiento académico

La música

Cuando vamos a la playa a muchos de nosotros nos gusta llevar nuestro tocacasetes para gozar de un poco de música. Pero hay que tener cuidado de no tocarlo a volumen muy alto. Como dice el viejo refrán español, "Sobre gustos no hay nada escrito", y los gustos musicales son muy personales. Es posible que lo que a ti te gusta, a mí no me guste nada. Al que le encanta el jazz, no aguanta una sinfonía y viceversa.

UNA ORQUESTA, CARACAS

La orquesta sinfónica

Los instrumentos musicales se clasifican en cuatro grupos: cuerda, viento, metal y percusión. Una orquesta sinfónica es una orquesta grande. La orquesta se divide en secciones de cuerda, viento, metal y percusión. En las secciones de cuerda, viento y metal hay varios músicos para cada instrumento; es decir, que hay varios violinistas, flautistas y trompetistas. Una sinfonía es una composición musical ambiciosa ejecu-

tada por una orquesta y dura de 20 a 45 minutos. Una sinfonía se ejecuta en un gran salón sinfónico.

La orquesta de cámara

En una orquesta o conjunto de música de cámara hay sólo un instrumentalista en cada sección. La música de cámara se toca en un ambiente íntimo tal como la sala (cámara) de una casa privada o palacio, no en un gran salón público. Hay sólo un grupo pequeño de músicos en el conjunto u orquesta. No es necesario que cada sección de una gran orquesta esté representada.

El propósito de esta lectura es el de introducir a los estudiantes el vocabulario esencial para discutir la música. Los términos más importantes son: la orquesta, la sinfonía, la orquesta sinfónica, cuerda, viento, metal, percusión, orquesta de cámara, instrumentalistas, banda (charanga), ópera, personajes, actuación y escenario de una ópera, el aria, la danza, acto, escena y música popular.

Nota Mucha información sobre la música de conjunto de Tejas y la música mariachi aparece en el suplemento "La herencia tejana" de la edición tejana de *Bienvenidos*.

Orquesta y banda

¿Cuál es la diferencia entre una orquesta y una banda o charanga? En una banda no hay instrumentos de cuerda. Y en las bandas militares tampoco hay oboes, fagotes, ni flautas.

Ópera

La ópera es un drama cantado con acompañamiento de orquesta. La ópera es una fusión de música, actuación, poesía, danza, escenario y trajes. Los personajes y el argumento de la ópera se revelan en las canciones. Algunas óperas tienen temas serios y otras temas divertidos. Pueden tener de uno a cinco actos divididos en escenas. Lo que les atrae a los aficionados a la ópera son las arias. Un aria es una canción interpretada por una sola voz con el acompañamiento de la orquesta. Tiene una melodía emotiva y al final del aria hay aplausos y gritos de "bravo".

Música popular

Además de la música clásica hay muchas variaciones de música popular. Hay jazz y blues de influencia afroamericana; rock que se caracteriza por su ritmo y el sonido amplificado de la guitarra; reggae, oriundo de Jamaica y plena; salsa y merengue de origen antillano. Hay una relación íntima entre el canto (la canción) y la danza (el baile) en la música latinoamericana.

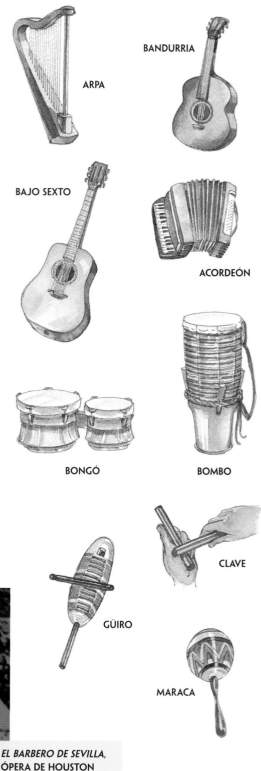

ARPA

BANDURRIA

BAJO SEXTO

ACORDEÓN

BONGÓ

BOMBO

GÜIRO

CLAVE

MARACA

EL BARBERO DE SEVILLA,
ÓPERA DE HOUSTON

Nota Al identificar las cuerdas, se usan letras en inglés. En español ése no es el caso: cuerda de sol=C, cuerda de re=D, cuerda de la=A, cuerda de mi=E. La octava del teclado es: do, re, mi, fa, sol, la, si, do.

ACTIVIDADES

A   Actividad cooperativa. Trabajando en grupos de cuatro, clasifiquen cada uno de los instrumentos musicales: cuerda, viento, metal o percusión.

el arpa	el contrabajo
el violín	el trombón
la tuba	los platillos
la trompeta	el clarinete
el timbal	el flautín
el corno inglés	el violoncelo
la viola	la trompa
la flauta	el fagot

B   Aprendiendo más. Las formas musicales en Latinoamérica son en casi su totalidad el resultado de una mezcla de influencias europeas, africanas e indígenas. A ver si conoces estas canciones y bailes.

1. el bolero de Cuba
2. la bomba de Puerto Rico
3. la conga del Caribe
4. el corrido de México
5. la cumbia de Panamá y Colombia
6. la danza de la culebra de México
7. la huapanga de México
8. el jarabe tapatío de México
9. el merengue de la República Dominicana y otras regiones del Caribe
10. el joropo de Venezuela
11. la plena de Puerto Rico
12. la salsa de muchas partes
13. el tango de la Argentina

C   Aprendiendo más. ¿Cuántos de los siguientes instrumentos musicales reconoces? Muchos son de origen africano o indígena.

MÉXICO
el arpa
el acordeón
el bajo sexto

CARIBE
la bandurria
la bomba
el bongó
la clave
el güiro
la maraca

CENTROAMÉRICA
la marimba

AMÉRICA DEL SUR
el chekeré
la zampoña doble

MARIMBA

CHEKERÉ

ZAMPOÑA
DOBLE

Diptongos

Le recomendamos escribir las palabras en la pizarra (el pizarrón) subrayando en cada una el diptongo.

1. El diptongo es el conjunto de dos vocales en una sola sílaba. Las vocales se dividen en vocales fuertes y vocales débiles. Las vocales fuertes son *a-e-o* y las vocales débiles son *i-u*. Los diptongos se forman combinando una vocal fuerte con una vocal débil o dos débiles. Dos vocales fuertes no se combinan para formar un diptongo.

FUERTE Y DÉBIL		DOS DÉBILES	
ai	aire	iu	triunfo
ia	patria	ui	ruido
au	auto		
ua	guapo		
ei	peine		
ie	pie		
eu	deuda		
ue	puerto		
io	ficticio		
uo	antiguo		

Lea estas palabras en voz alta poniendo un poco más énfasis que lo normal en las dos sílabas para que los estudiantes oigan que no es una sola sílaba.

2. Dos vocales fuertes no se combinan para formar un diptongo. Dos vocales fuertes juntas componen dos sílabas.

cae	ca-e
lee	le-e
veo	ve-o

3. Si el acento cae en la vocal débil de un diptongo, se rompe el diptongo y es necesario escribir la tilde sobre la vocal que recibe el acento.

María	Ma-rí-a
resfrío	res-frí-o
actúa	ac-tú-a

Véase el artículo en la sección *Nuestras diversiones* de este capítulo.

Monosílabos

Los monosílabos son palabras que tienen una sola sílaba. Por regla general no se acentúan. Pero cuando la misma palabra tiene dos valores, o sea, dos significados, se coloca el acento o se escribe la tilde en uno de ellos.

Él habla.	el libro
Tú lo lees.	tu libro
Sí, voy.	Si voy, te lo diré.
No lo sé.	Se escribe así.
Quiero que me lo dé.	Es de ella.

Pronunciación: *r, rr*

En muchas regiones la *r* no se pronuncia bien. Somos muchos los que convertimos la *r* en *l*. Hay otros que convertimos la *rr* en *j*. Se considera la pronunciación de la *r* como *l* o la *rr* como *j* inaceptable en el habla culta. Debemos practicar estos sonidos y pronunciarlos bien.

ACTIVIDADES

Actividades

A 1. ie; 2. ie, ia; 3. ue; 4. ue; 5. io, ie; 6. no hay; 7. ie; 8. ue; 9. no hay; 10. ue; 11. ue; 12. ie; 13. io; 14. au; 15. ia; 16. io; 17. ie; 18. ia; 19. no hay; 20. ua; 21. ie; 22. ie; 23. ue; 24. no hay; 25. ue; 26. io

B 1. avión; 2. economía; 3. población; 4. frío; 5. judío; 6. vivía; 7. vivió; 8. salió; 9. después; 10. también; 11. país; 12. mío; 13. poesía; 14. policía

C 1. Tú lo hiciste por tu hermano, ¿no? 2. Él me dio el regalo. 3. El regalo es para mí, no para ti. Es mi regalo. No es tu regalo. 4. Yo sé que él se lo explicó a ellos. 5. Dile que te dé un regalo de oro. 6. Sí, Roberto sabe si lo tiene o no.

A Identifica el diptongo en cada una de las siguientes palabras. ¡Cuidado porque no todas las palabras tienen diptongo!

1. diente
2. deficiencia
3. cuerpo
4. hueso
5. funcionamiento
6. cereal
7. tiene
8. bueno
9. cae
10. puerto
11. fuente
12. viejo
13. indio
14. aumento
15. diablo
16. sitio
17. piedra
18. distancia
19. deseo
20. cuando
21. cielo
22. viento
23. llueve
24. anteojo
25. juego
26. balneario

B Escribe las siguientes palabras poniendo la tilde cuando sea necesario.

1. avion
2. economia
3. poblacion
4. frio
5. judio
6. vivia
7. vivio
8. salio
9. despues
10. tambien
11. pais
12. mio
13. poesia
14. policia

C Escribe la tilde cuando sea necesario.

1. Tu lo hiciste por tu hermano, ¿no?
2. El me dio el regalo.
3. El regalo es para mi, no para ti. Es mi regalo. No es tu regalo.
4. Yo se que el se lo explico a ellos.
5. Dile que te de un regalo de oro.
6. Si, Roberto sabe si el lo tiene o no.

D Lee las siguientes frases en voz alta.

1. Rápido corren los carros del ferrocarril.
2. Compré este carro en Barranquitas, Puerto Rico.
3. El carruaje del carro y la cajuela del carro.

LA VIDA EN LATINOAMÉRICA

A causa de la topografía y el clima de la América Latina, la naturaleza juega un papel muy importante en la vida diaria de sus habitantes. La mayoría de las grandes ciudades se encuentran en la costa porque las comunicaciones son más fáciles en las zonas litorales. Las grandes ciudades latinoamericanas ofrecen una vida comercial y cultural fascinante. Y en la costa, no muy lejos de las ciudades, hay magníficas playas a las cuales acuden los jetsetters en busca de diversiones y la buena vida. Mientras los porteños (los de Buenos Aires), caraqueños y limeños se aprovechan de todas las oportunidades de su ciudad y mientras los jetsetters en Acapulco, Viña del Mar y Punta del Este disfrutan de hoteles lujosos y días placenteros en un yate o playa, hay otros que sólo para subsistir tienen que trabajar duro contra grandes obstáculos naturales—como en la altiplanicie, por ejemplo.

La altiplanicie

La altiplanicie se extiende por una gran parte de la región occidental del continente sudamericano. Es una región árida y rocosa. Los pueblos pequeños de los indios aymarás y quechuas que habitan la altiplanicie se encuentran en valles rodeados de los indomables picos andinos. La inaccesibilidad del territorio y la tierra inapropiada para el cultivo de cosechas y la cría de ganado hacen muy difícil la vida de los habitantes. Tienen la simpática llama como compañera fiel, bestia de carga y medio de transporte. Construyen sus casas con rocas, piedras y tierra que encuentran en los alrededores. Y cuando llega la hora de comer, suelen preparar un plato a base de papas, uno de los pocos productos que crece fácilmente a esas alturas. El trabajo diario del hombre andino es más que trabajo. Es una lucha continua para subsistir en un ambiente solitario y riguroso.

La zona selvática

Los que viven en las zonas selváticas de los ríos Amazonas, Orinoco y Paraná también luchan a diario para dominar una naturaleza salvaje. Aquí en las selvas tropicales donde pocas veces llega el sol hasta el suelo

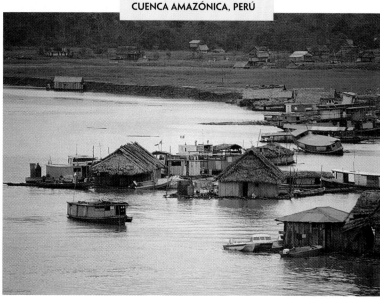

CUENCA AMAZÓNICA, PERÚ

Sugerencias **1.** Si en la clase hay estudiantes de una de estas regiones, permítales describir en más detalle la vida en dicha región y la influencia del clima y de la naturaleza en la vida diaria. **2.** Uno de los propósitos de esta lectura es el de ayudarles a los estudiantes a comprender la importancia de las descripciones de la naturaleza, fauna y faena que aparecen en muchas obras literarias importantes de Latinoamérica.

NUESTRA CULTURA **119**

por el techo de espesa vegetación que brota de la tierra, los habitantes viven en contacto constante con víboras y parásitos tropicales. Durante la estación lluviosa ellos se enfrentan al fango de la jungla mientras sus compatriotas del altiplano luchan contra el frío y la aridez. Los habitantes de la jungla no construyen sus casas con piedra sino con la madera de los árboles de la selva. Las cubren con techos de paja. En muchos casos la casa no tiene paredes para permitir que se ventile. Se construyen las casas sobre pilotes porque en ciertas estaciones la marea es tan alta que las aguas del río inundarían la casa si no estuviera elevada. Para subir y bajar de la casa hay una escalera. Y no muy lejos de la escalera está la canoa (o canoas) de la familia. La canoa es el medio de transporte más importante de la selva. Y si es difícil conseguir comida en las montañas, no lo es en la selva donde abundan las frutas, el arroz y peces del río.

PAMPAS ARGENTINAS

Las llanuras

La tierra de las llanuras de Venezuela y Colombia y las pampas de la Argentina y del Uruguay son propicias para la agricultura y la ganadería. Pero estas extensiones interminables de tierra son monótonas y le dan a uno una sensación de soledad y tristeza. La falta de árboles deja al hombre a la intemperie sin protección contra el sol y la lluvia.

Cuando tomamos en cuenta la importancia de las fuerzas de la naturaleza en el destino del habitante latinoamericano, podemos comprender por qué las grandes figuras literarias como el ensayista Domingo Faustino Sarmiento, los novelistas Rómulo Gallegos y Jorge Icaza y los poetas Andrés Bello y José Santos Chocano, entre otros, tienden a incluir detalladas descripciones de la naturaleza, la flora y la fauna en sus grandes obras literarias.

ACTIVIDADES

Actividades A y C
Las respuestas pueden variar.

● **A Informes.** Contesta las siguientes preguntas.

1. ¿Cuáles son algunos factores que hacen difícil la vida en el altiplano?
2. ¿Cuáles son algunos factores que dificultan la vida en las selvas tropicales?
3. ¿Cómo son las casas típicas del altiplano? ¿De la selva?
4. ¿Cómo es la vida en las llanuras o pampas?

B Aprendiendo más. Hay otros fenómenos naturales que preocupan al hombre latinoamericano—no sólo al habitante de las zonas rurales sino al habitante de las ciudades también. Ya hemos aprendido algo de los terremotos. Hay también muchos volcanes. Algunos que son muy impresionantes son el volcán Irazú, cerca de San José, Costa Rica; el Monte Momotombo, cerca de Managua; el Popocatépetl, el Iztaccíhuatl y el Huitzilopóchtli cerca de la Ciudad de México y el Llanquihue, cerca de Puerto Montt, Chile. Cada año miles de turistas visitan estos majestuosos volcanes. El volcán Llanquihue entró en erupción en 1995. Siempre existe para los residentes de estas ciudades la posibilidad de una erupción inesperada. Desde el centro mismo de la bonita ciudad de Antigua, Guatemala, se pueden ver tres volcanes que rodean a la ciudad y miran hacia ella como dioses supremos. Es fácil comprender por qué muchos de los descendientes de las tribus precolombinas que viven en estos ambientes rezan a las fuerzas de la Madre Naturaleza.

EL VOLCÁN LLANQUIHUE, CHILE

C Definiciones. En un diccionario, busca la definición de las siguientes palabras.
1. la fauna
2. la flora
3. la intemperie

Nuestra Literatura

El grano de oro
Una leyenda

INTRODUCCIÓN Puerto Rico—la isla del encanto—es una isla bellísima. Bañada por el Caribe y el Atlántico, Puerto Rico es un paraíso para los aficionados al mar y al sol. El interior montañoso tiene algunos picos desde los cuales se puede disfrutar de vistas preciosas. Mirando hacia el sur se ve el Caribe y hacia el norte se ve el Atlántico.

La leyenda *El grano de oro* nos cuenta la historia de uno de los picos cerca del pueblo de Utuado. Una leyenda es una narración en que se mezclan casi siempre la verdad y la ficción. Como la leyenda suele pasar de generación a generación por transmisión oral, es fácil que entren elementos ficticios. Al leer *El grano de oro* puedes decidir si crees que contiene cositas ficticias.

Si en la clase hay estudiantes de Puerto Rico, pídales que describan las zonas montañosas de su isla.

UTUADO, PUERTO RICO

El grano de oro (1530)

I

[1] **Boriquén** nombre indio para Puerto Rico

[2] **encomienda** pueblo de indios a cargo de un encomendero (un patrón español)

Entre los pobladores de Boriquén[1] había dos emprendedores jóvenes sevillanos dedicados a la busca de oro, Antonio Orozco y Juan Guilarte. Tenían ambos aproximadamente treinta años, eran amigos íntimos. Vivían en Caparra y disponía cada uno de un pedazo de tierra, un establo de caballos y una encomienda[2] de cuarenta indios, quienes les cernían a diario las arenas del río Mabiya en busca de los deslumbrantes fragmentos del precioso metal.

Preguntas de comprensión Hágales a los estudiantes preguntas de comprensión tales como: ¿De dónde eran los jóvenes? ¿Cuántos había? ¿Dónde estaban? ¿A qué se dedicaban?

Nota Más información sobre las encomiendas se encuentra en la Actividad B, página 126.

[3] **vándala** (de los vándalos)
pueblo germánico que invadió
España

[4] **bereber** tribu nómada del norte
de África

[5] **areytos** canciones y bailes rítmicos del indio puertorriqueño

Repaso En el primer párrafo, dígales a los estudiantes que hagan una lista de todos los adjetivos descriptivos o calificativos. Luego, dígales que escriban un párrafo corto empleando los adjetivos: alto, delgado, blanco, pecoso, pelirrojo, atrevido, ambicioso, picaresco, aguileño, puro, trigueño, negro, rasgado, recto, fino, brillante y rizado.

Orozco, alto, delgado, blanco, pecoso y pelirrojo, era atrevido y ambicioso, de mirada picaresca. Su nariz aguileña y pequeños ojos grises revelaban la sangre vándala[3] en sus antepasados. Guilarte, de pura raza bereber[4], era de buena musculatura, trigueño, con ojos negros y rasgados, nariz recta y fina. Su cara ovalada y alegre terminaba en una barba negra, brillante y rizada. A Guilarte le atraía el canto de los pájaros y el rasguear de una guitarra; le gustaba enamorar a las indias; había aprendido con ellas a cantar y a bailar los areytos[5].

Un viernes por la tarde Orozco fue a visitar a Guilarte y le dijo:

—El lunes próximo, al romper el alba, vámonos tierra adentro a ver si encontramos un nuevo yacimiento de oro. Podemos ir hacia el suroeste, sin otra guía que nuestra brújula y con provisiones en las alforjas para unos cuantos días. Nuestros capataces pueden manejar a los trabajadores aquí en el Mabiya.

—¡Formidable!— exclamó Guilarte entusiasmado, —acuérdate de traer tu manta, que en esos montes hace un frío atroz de madrugada.

II

Orozco y Guilarte exploraron la selva semitropical por ocho días. Llegaron, por fin, a una cumbre de donde se veía a un lado el mar Caribe y al otro el Atlántico. Era un panorama espléndido: valles y montañas de diferentes tonalidades de verde se desplegaban a ambos lados de la escarpada cumbre hasta llegar a una orilla azul turquí.

—¡Qué bello!— exclamó Guilarte—, Aquí fabricaría yo una casa.

—Valiente estupidez. Esto es bueno para mirarlo un rato pero después aburre.

—Pues yo no me cansaría de verlo—reiteró Guilarte mientras miraba el imponente e irregular descenso que llevaba hasta el mar.

—¡Bah! Esto es el fin del mundo, Juan. Lo mejor que podemos hacer es reunir mucho oro y regresar a España. ¡De Sevilla al cielo!

—Pues chico, para eso tendremos que lavar muchas arenas, particularmente cuando tenemos que dar la quinta parte de nuestras ganancias al rey. Ya verás. Nos tomará muchos años salir de nuestra pobreza.

Los dos amigos se sentaron en una roca a explorar con la vista el magnífico paisaje mientras se repartían pedazos de queso blanco y tortas de casabe. De pronto Guilarte se levantó.

—¡Mira, mira en ese llano! ¿Ves algo?

—¡Sí! Una piedra que brilla como un topacio con los rayos del sol.

—Fíjate bien, Antonio. Parece un trozo de oro incrustado en una piedra de cuarzo.

—Efectivamente. ¡Y es grandísimo!

—Pero, ¿quién diablos puede llegar hasta allá abajo para recogerlo?

—Pues tú y yo, naturalmente.

—Eso es más fácil decirlo que hacerlo.

—Mira, Juan, acampemos aquí en tu sitio favorito y tejeremos sogas de majagua[6]. Si las reforzamos con bejucos y enredaderas podemos hacer una buena escalera.

—¡Una idea fantástica, Antonio! Empecemos.

El espléndido sol de la tarde aclaraba la impenetrable maraña de la selva. Un follaje raquítico bordeaba el precipicio y de una piedra pulida salía un chorrito de agua fría y clara que, brincando de roca en roca, se perdía en el fondo de aquel inmenso hoyo. Pero la contemplación de aquella hermosa naturaleza virgen había cedido su lugar a la codicia por el valioso grano de oro.

III

Orozco y Guilarte tejieron la escalera con rapidez. Después de asegurarla de un cedro gigante, descendieron por el rocoso borde del precipicio hasta el fondo. La piedra deseada era más grande de lo que aparentaba desde la distancia.

—Antonio, observa la cantidad de oro en esa piedra. Una vez separada del cuarzo este grano de oro valdrá de cuatro a cinco mil castellanos[7].

—Esto es suficiente para sacar adelante a uno de los dos— comentó Orozco—pero no a ambos. Busquemos otro.

Pero no encontraron más oro.

[6] **majagua** árbol de madera fuerte

[7] **castellanos** monedas antiguas

EL YUNQUE, PUERTO RICO

Desalentado dijo Orozco a Guilarte:

—Te propongo un negocio. Juguemos a los dados. El que gane puede quedarse con el grano de oro. El que pierda se quedará en Caparra a cargo de ambas encomiendas y explotará la encomienda del otro en sociedad.

—Bueno—contestó Guilarte. —¿Tienes dados encima?

—Sí.

—¡Pues tíralos!

La suerte favoreció a Orozco. Guilarte lo felicitó con sinceridad, y añadió:

—Se han cumplido tus deseos. Regresemos.

—Sube tú primero, Juan, yo iré después con la piedra.

Guilarte trepó ágilmente por la escalera. Cuando llegó arriba, se sentó al borde del precipicio a esperar a su amigo. Orozco subía con dificultad mientras llevaba la piedra aurífera en la mano izquierda. Pero a mitad de la escalera se rompió un escalón y estuvo a punto de caerse.

—¿Qué hago?—le preguntó Guilarte.

—Tira de la escalera. ¡Pronto, pronto!

Guilarte se apoyó contra el cedro y empezó a recoger la escalera rápidamente. Pero de pronto rodó por tierra. Las fibras verdes de majagua reforzadas con bejucos no habían podido resistir el roce áspero de la peña. El infeliz Orozco cayó en la hondonada. Aunque la maleza amortiguó el golpe, quedó mal herido sobre la yerba. Guilarte no podía descender a ayudarle. Desalentado, caminó día y noche hasta llegar a su campamento al lado del río Mabiya.

IV

Guilarte regresó a socorrer a su amigo acompañado por indios y escaleras fuertes. Cuando llegó a su lado aún estaba vivo. Lo encontró abrazado a la maldita piedra que le costaba la vida. No había podido moverse de donde cayera porque tenía rotas las piernas.

Cuando vio a Guilarte acercarse, Orozco pidió agua y después de beber le dijo:

—¡Voy a morir! ¡Óyeme! Tú descubriste el grano de oro y yo te lo quité con dados falsos. Dios me ha castigado. ¡Perdóname!

El cadáver de Orozco fue conducido al campamento Mabiya donde se le dio cristiana sepultura. Guilarte regaló a la Catedral de Sevilla la enorme pepita de oro por la cual Orozco, en su ansia de enriquecerse, había traicionado su amistad. Los oficiales reales dieron cuenta al Rey de lo sucedido, quien concedió a Guilarte todas las tierras exploradas por él y su infiel y desgraciado amigo.

En la Cordillera Central que divide la isla, al sur de Utuado, se encuentra hoy una cumbre que nos recuerda esta leyenda. Se llama la Sierra de Guilarte.

ACTIVIDADES

A Comprensión. Contesta las siguientes preguntas.

1. ¿Cómo se llamaban los dos jóvenes?
2. ¿Dónde estaban?
3. ¿A qué se dedicaban?
4. ¿De dónde eran?
5. ¿Adónde llegaron durante una de sus expediciones?
6. ¿Qué vieron desde allí?
7. ¿Qué vio Guilarte?
8. ¿Qué tejieron los amigos? ¿Por qué?
9. ¿Qué hallaron?
10. ¿Cómo decidieron a quién pertenecería el grano de oro?
11. ¿Quién ganó?
12. ¿Qué le pasó a Orozco?
13. ¿Adónde fue Guilarte?
14. ¿Cómo estaba Orozco cuando Guilarte volvió con los indios?
15. ¿Qué le dijo Orozco antes de morir?
16. ¿Qué hizo Guilarte con el oro?
17. ¿Qué le dieron los oficiales reales a Guilarte?
18. ¿Dónde está la Sierra de Guilarte?

B Aprendiendo más. En esta leyenda hay referencias a dos hechos históricos importantes.

1. Orozco y Guilarte tenían una encomienda de 40 indios. El pueblo indio del Nuevo Mundo fue esclavizado a través del sistema conocido bajo el nombre de "encomienda" o "repartimiento". Los indios fueron asignados a campos de cultivo o a minas donde trabajaban como peones bajo la "protección" de los dueños españoles.
2. Orozco le dice a Guilarte que tendrán que lavar muchas arenas para encontrar suficiente oro cuando tienen que dar la quinta parte de sus ganancias al Rey. Los colonos tenían que pagar tributos al Rey de España. Tenían que compartir con el monarca todo lo que habían encontrado en el Nuevo Mundo. Ésta fue una de las razones importantes por la guerra de la Independencia.

C Expresión escrita. Utiliza las siguientes palabras en oraciones.

1. trigueño
2. aguileño
3. pecoso
4. pelirrojo
5. rizado

D Aprendiendo más. En la leyenda *El grano de oro* se habla de un pico del cual se puede ver el Caribe y el Atlántico. Si es un día muy despejado, se pueden ver dos océanos desde el pico del volcán Irazú cerca de San José, Costa Rica. ¿Cuáles serán? ¿Qué océano se ve hacia el este? ¿Y hacia el oeste?

NUESTRA CREATIVIDAD

LOS YAGUAS, CUENCA AMAZÓNICA, PERÚ

UNA FAMILIA INDÍGENA, IBARRA, ECUADOR

ACTIVIDADES

Actividades A y B
Las respuestas pueden variar.

A **Actividad cooperativa.** Vamos a dividir la clase en dos grupos. Un grupo va a imaginar que vive en el altiplano y otro grupo va a imaginar que vive en la selva. Cada grupo presentará las ventajas y las desventajas de la región en que vive. Cada grupo va a discutir y comparar:

► el tiempo
► el clima
► la topografía
► su casa
► su indumentaria (ropa)
► su comida
► sus medios de transporte

B **Expresión escrita.** En un párrafo describe el tipo de música que a ti te gusta. En otro describe un tipo de música que no encuentras agradable. Explica por qué.

NUESTRAS DIVERSIONES

A veces lo que leemos en una revista nos enseña algo. ¡Qué coincidencia! Aquí tenemos un artículo sobre algo que acabamos de aprender de "Nuestro idioma". Lee este artículo que apareció en la revista *Mundo 21*. ¿Qué dice de los monosílabos?

Después, lee el artículo sobre el grupo Proyecto M. Este artículo apareció en la revista *Tú* y según las fotos parece que a estos jetsetters les gustan el mar y los deportes acuáticos.

¡DOMINEMOS MEJOR EL ESPAÑOL!

DOMINAR LAS REGLAS que rigen la acentuación es uno de los elementos más difíciles de nuestro idioma; además de conocer las normas generales que existen para ello, debemos tener en cuenta las situaciones particulares en que éstas no pueden cumplirse. Tal es el caso de los **monosílabos**, con los que—según experimentados maestros—suelen surgir frecuentes confusiones... ¿Pueden acentuarse estas palabras?

Las normas gramaticales indican que los monosílabos no llevan acento ortográfico; al tener una sola sílaba no es preciso señalar dónde se encuentra la mayor intensidad de énfasis. Es por eso que las palabras *pan, vas, doy, fe...* así como las formas verbales *fue, fui, vio y dio* se escriben sin acento. Sin embargo, existen múltiples situaciones en las que un mismo monosílabo tiene diferentes significados, y entonces es necesario acentuarlos para distinguirlos. Nos referimos al llamado **acento diacrítico**, la tilde que señala la función gramatical que están realizando. Veamos algunos ejemplos:

- Las palabras *mi, tu y el* son acentuadas cuando realizan la función de pronombres personales. (Tu libro será para *mí.*)
- Cuando el monosílabo *si* actúa como pronombre personal o adverbio afirmativo, requiere acento. (Sólo piensa en *sí* mismo; *Sí*, ése es él).
- El monosílabo *se* es acentuado, cuando se trata del presente indicativo del verbo *saber* o del imperativo de *ser.* (Yo *sé* que estás aquí; Por favor, *sé* disciplinado.)
- En el caso del adverbio *más*, cuando éste abandona su función adverbial y actúa como conjunción, pierde la tilde. ("Todo en amor es triste, *mas* triste y todo, es lo mejor que existe".)

proyecto

Tus ejemplares del alma andan de gira, de México a la Patagonia, promocionando su música que— como ellos—¡arde!

Johnny, Ray y René adoran el mar y se lanzan a conquistar las olas con sus jet skis. ¡Por algo tienen esos cuerpos! Aquí—otra vez en Isla Verde—se relajan lejos del mundanal ruido. Tip: como andan de gira por nuestros países y les gustan los deportes, ¡ojo de águila en las playas, en las canchas de tenis, en los parques y en las montañas!

Proyecto M
arrasó en Panamá y Costa Rica. ¡Cómo saltaban las chicas! "Quema que arde" es un discazo sensacional. ¡Y prepárate! El próximo mes lanzarán al mercado su nuevo álbum que promete ser otra bomba musical. "Trabajamos duro en esas canciones", dice René. "Te van a hacer bailar y soñar con el amor".

Y de la vida personal... ¿qué? Ya todos están casados (y como realmente los quieres, estás feliz por ellos). Ray (el más joven) fue "atrapado" el 13 de noviembre por Nora de la Rosa, y se fueron de luna de miel a Alemania. ¡La muy suertuda!!!

CAPÍTULO 12

NUESTRO CONOCIMIENTO ACADÉMICO

LAS ARTES PLÁSTICAS

La pintura

Cuando pensamos en un evento cultural interesante, podemos pensar en una visita a un museo. Pero para apreciar nuestra visita, o sea, apreciar lo que estamos viendo en el museo, debemos tener a lo menos un conocimiento elemental del arte: la pintura, la escultura y el dibujo.

Antes de empezar a pintar, el pintor o artista tiene que tener su lienzo preparado. Tiene que tensarlo y colocarlo en el caballete. El pintor escoge su medio. Los tres medios que más emplean los pintores son la acuarela, el óleo y el acrílico. La espátula se usa para mezclar los colores y a veces para aplicarlos. Por lo general el artista aplica los colores con un pincel, sobre todo cuando pinta con acuarelas.

Elementos de composición

Al mirar una pintura hay que fijarse en la composición. Hay algunos elementos de composición muy importantes. La perspectiva es la representación de los objetos en tres dimensiones—alto, ancho, profundidad—sobre una superficie plana. El pintor

DEFENSA DE EL PRADO, ZURBARÁN

EL ASTRÓNOMO, RUFINO TAMAYO

tiene que tomar en cuenta su alejamiento y su posición en el espacio con respecto al observador. El tema o motivo de una obra de arte es el principal elemento de interés para el observador. Es la materia que pinta el artista. El estilo es el modo de expresión del artista. El estilo puede clasificarse en términos básicos en figurativo y abstracto. A las obras de arte que enfatizan la importan-

Dígales a los estudiantes que estudien detalladamente las fotografías que acompañan esta lectura.

cia de los elementos y principios de diseño a favor del asunto o de la materia se les llama obras de arte abstracto. Una obra figurativa presenta una rendición más literal, o sea, más realista de la materia.

La escultura

El escultor crea objetos o formas bellas en tres dimensiones o en relieve. Puede servirse de varios materiales como barro, yeso, madera, piedra o bronce. Unas esculturas, las de piedra o madera, por ejemplo, pueden ser talladas con cincel. Otras, de materiales blandos como el yeso, barro o bronce fundido pueden ser modeladas sobre un esqueleto o armadura. La cocción y la fundición en un horno son dos procesos que prolongan la duración de (hacen más durables) las esculturas.

El relieve

Un relieve es cualquier cosa que resalta sobre una superficie plana. Una escultura de relieve es una escultura hecha sobre una superficie de modo que las figuras están talladas solamente en parte. Bajorelieve

ESCULTURAS MAYAS

ALTORELIEVE, SANTIAGO DE COMPOSTELA, ESPAÑA

significa que la figura tallada es menos de la mitad del bulto natural de la figura. Y altorelieve significa que es más de la mitad del bulto de la figura. Se ven muchas esculturas de relieve en las catedrales, iglesias y otros edificios monumentales.

ACTIVIDADES

Actividades

A **1.** el pintor; **2.** el pincel, la espátula; **3.** el caballete; **4.** acuarela; **5.** óleo; **6.** la perspectiva; **7.** bajorelieve; **8.** el estilo; **9.** el tema (motivo); **10.** escultura; **11.** un cincel, un esqueleto (una armadura), un horno; **12.** un pincel, un lienzo, un caballete, una espátula

B Las respuestas pueden variar.

A Definiciones. Busca la palabra cuya definición sigue.

1. el que pinta
2. dos instrumentos que utiliza el artista para aplicar colores al lienzo
3. el soporte en que descansa el lienzo mientras pinta el artista
4. pintura que se hace con colores diluidos en agua
5. pintura a base de aceites
6. la representación de objetos en tres dimensiones sobre una superficie plana
7. una parte de una figura menos de la mitad del bulto natural que resalta sobre una superficie plana
8. el modo de expresión de un artista
9. la materia que pinta el artista
10. forma u objeto bello tallado o modelado en tres dimensiones
11. algunos instrumentos que usa un escultor
12. algunos instrumentos que usa un pintor

B Expresión escrita. En un párrafo corto, explica en tus propias palabras la diferencia entre un cuadro figurativo y abstracto.

Si a los estudiantes les hace falta práctica en el uso de las formas del pretérito, hágales completar en forma oral y escrita los ejercicios y actividades que se encuentran en *Bienvenidos*.

El pretérito

1. Estudia las siguientes formas del pretérito de los verbos regulares. El pretérito se usa para expresar una acción que empezó y terminó en un momento definido en el pasado.

HABLAR	hablé	hablaste	habló	hablamos	hablasteis	hablaron
COMER	comí	comiste	comió	comimos	comisteis	comieron
ESCRIBIR	escribí	escribiste	escribió	escribimos	escribisteis	escribieron

2. Recuerda que la parte fija del verbo, o raíz, es el morfema lexical. El morfema lexical contiene el significado principal. Los morfemas gramaticales son las partes variables que informan sobre la persona, el número y el tiempo.

	PERSONA	NÚMERO	TIEMPO
mir<u>as</u>	tú	singular	presente
mir<u>aste</u>	tú	singular	pretérito (pasado)
com<u>emos</u>	nosotros	plural	presente
com<u>imos</u>	nosotros	plural	pretérito
escrib<u>o</u>	yo	singular	presente
escrib<u>í</u>	yo	singular	pretérito

3. ¡Cuidado! Muchos de nosotros cometemos un error en una forma del pretérito. Como estamos acostumbrados a oír una -s en la forma de *tú* en el presente—*miras, comes, escribes*—, ponemos equivocadamente una -s en la forma de *tú* en el pretérito. Decimos *hablastes, comistes* y no es correcto. La forma correcta es *hablaste, comiste*. No hay -s.

El complemento *les*

1. ¡Cuidado! A veces hacemos un error con el pronombre *les*. En vez de usar *les* para expresar un complemento indirecto en forma plural, usamos la forma singular *le* que es incorrecto.

CORRECTO: **Les hablé a todos.**
INCORRECTO: **Le hablé a todos.**

Haga que los estudiantes preparen esta actividad en forma oral y escrita.

1. Pregúntale a un(a) amigo(a) lo que vio. **2.** Pregúntale a un(a) amigo(a) lo que pintó. **3.** Pregúntale a un(a) amigo(a) lo que dibujó. **4.** Pregúntale a un(a) amigo(a) lo que comió. **5.** Pregúntale a un(a) amigo(a) lo que aprendió.

2. Algunos de nosotros, sobre todo los de la región del Caribe, tenemos una *-s* aspirada; es decir que no la pronunciamos. Puede ser una razón, pero no legítima, para suprimir la *-s* en la forma escrita. Pero es interesante notar que aún en regiones donde la *-s* se pronuncia, hay tendencia de suprimir la *-s* en el pronombre *les*.

Ortografía

1. Como la *h* no se pronuncia en español, tenemos que tener mucho cuidado de escribirla en las palabras que la necesitan. Observa las siguientes palabras.

hacer	**hoyo**	**hotel**	**historia**
hace	**hospital**	**hilo**	**inhóspito**

2. La *y* y la *ll* se pronuncian de varias maneras. Su pronunciación depende de la región en que vivimos o de donde venimos. Pero en todo caso el mismo regionalismo que existe en la pronunciación de la *y* existe en la pronunciación de la *ll*. Es decir que siempre pronunciamos iguales estas dos letras. Pero tenemos que diferenciar entre la *y* y la *ll* cuando escribimos.

Observa las siguientes palabras.

ya	**yeso**	**yo**	**ayuda**
llanto	**llega**	**lloro**	**lluvia**

ACTIVIDADES

Actividades

A 1. Fuimos; 2. Vimos; 3. vivió y pintó; 4. invadieron; 5. Estalló, murieron; 6. se sublevaron; 7. Vi; 8. miré

B Se puede dar este mismo dictado una vez a la semana. Es aconsejable que los estudiantes preparen una lista de todas las palabras que encuentren con las letras *y, h, ll*.

A Escribe las siguientes oraciones en el pretérito.
1. Vamos al museo.
2. Vemos una exposición de arte mexicano y español.
3. Goya vive y pinta en el siglo dieciocho.
4. Los franceses invaden a España en 1808.
5. Estalla una batalla y mueren algunos ciudadanos madrileños.
6. Los peones mexicanos se sublevan contra la corrupción de los terratenientes.
7. Veo un cuadro famoso de Diego Rivera.
8. Lo miro detenidamente.

B Prepárate para un dictado.
1. Ha de haber mucha lluvia.
2. Voy a ser bueno y voy a hacer mi trabajo.
3. Hace ya once horas que estoy en el hospital.
4. Ya ha llegado el yeso amarillo.
5. Yo no aguanto los llantos de la llorona.
6. Ya hace horas que no hay lluvia.
7. No hay papagayos en las llanuras uruguayas, pero gallos y gallinas hay.

EL ARTE EN EL MUNDO HISPANO

Tres ilustres pintores españoles son Diego Velázquez, Francisco Goya y Pablo Picasso.

Diego Velázquez

Velázquez nació en Sevilla en 1599 de una familia noble. Su deseo de ser pintor cuando todavía era joven le presentó algunos problemas. En aquel entonces el hijo de un noble no trabajaba como pintor común. Su padre le dijo que sólo podía seguir su carrera artística si encontraba un puesto en la Corte Real. El joven Velázquez fue a Madrid con una carta de presentación a uno de los pajes del Rey. En muy poco tiempo fue reconocido por su talento. Le pidieron pintar un retrato del Rey, Felipe IV. Al terminar el retrato el Rey estaba tan contento que afirmó que sólo Velázquez, y nadie más, podía pintar su retrato. Y así fue. Velázquez pintó unos 34 retratos de Felipe IV.

Velázquez fue un retratista atrevido y autor de obras de maravillosa ejecución de colorido y relieve admirables. Uno de sus cuadros más famosos es *Las Meninas*.

En su cuadro, *Las Meninas*, vemos a la hija del Rey rodeada de sus damas y su perro. Vemos al autor mismo de pie con su pincel, delante del caballete. Más atrás hay algo maravilloso, el reflejo del Rey y la Reina en el espejo. Es impresionante la manera en que crea el artista la ilusión de espacio. Aún en el fondo divisamos una puerta abierta por la cual vemos ya una sala más.

"LAS MENINAS", DIEGO VELÁZQUEZ

Sugerencia Antes de presentar esta selección, puede permitirles a los estudiantes que miren los cuadros que aquí aparecen. Sin haber hecho ningún estudio, los estudiantes pueden determinar cuál de los cuadros es su favorito. Más tarde, pregúnteles si están de la misma opinión después de haber estudiado la lectura.

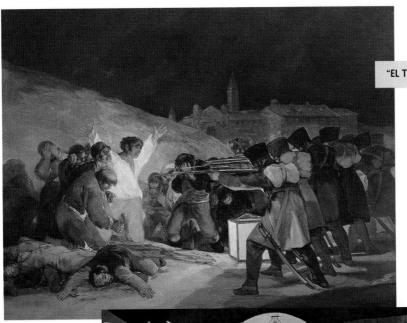

"EL TRES DE MAYO", FRANCISCO GOYA

"GUERNICA", PABLO PICASSO

Francisco Goya

Francisco Goya nació en Aragón en 1746. Fue un pintor de prodigiosa actividad. Pintó experimentando en muchos géneros y estilos, siempre con el mayor éxito.

Goya estaba en Madrid cuando las tropas napoleónicas invadieron España. Uno de sus cuadros más impresionantes, *El tres de mayo,* conmemora la sublevación de los madrileños contra los invasores franceses. Habían corrido por la ciudad rumores de que los franceses iban a llevar a los hijos del Rey a Francia. Estalló una batalla y murieron algunos ciudadanos madrileños y soldados franceses. Esa misma noche y a la mañana siguiente los franceses ejecutaron a los patriotas españoles. No se sabe si Goya fue testigo de esta escena trágica.

Pablo Picasso

Pablo Picasso nació en Málaga en 1881. De niño dibujaba durante cada momento libre que tenía. Su madre siempre decía que sabía dibujar antes que hablar. Su padre era pintor y profesor de arte. Fue a enseñar en el prestigioso Instituto de Bellas Artes en Barcelona. Quería matricular a su hijo pero el examen era tan difícil que muchos candidatos tomaban todo un mes para completarlo. Picasso tomó el examen en un solo día y fue aceptado en cursos avanzados.

Cuando tenía 18 años Picasso fue a París, la capital artística del mundo. Allí visitó todos los museos y vio todas las exposiciones de arte contemporáneo.

Durante su carrera cambió frecuentemente de estilo y materia. En colaboración con Georges Braque, el famoso artista francés, empezó a experimentar y creó un nuevo movimiento artístico—el cubismo.

En la página 135 vemos la obra famosa de Picasso, *Guernica*. Es un mural grande que Picasso pintó para el Pabellón español en la Exposición Internacional de París. El bombardeo de la antigua ciudad española, Guernica, por los pilotos alemanes durante la Guerra Civil Española inspiró al pintor. La destrucción de esta pequeña ciudad sin ninguna importancia militar, no sirvió ningún propósito. Y durante el bombardeo perdieron la vida muchos habitantes de la ciudad.

El cuadro tiene toda una serie de imágenes trágicas. A la derecha vemos a una mujer cayendo de un piso a otro en un edificio en llamas. Otra señora está corriendo en un pánico ciego. Un caballo con una espada en el lomo da relinchos de terror. Una señora con su hijo muerto en los brazos levanta la cabeza hacia el cielo para gritar en estado de horror a los aviones que los bombardean.

En el cuadro el artista no hace ningún esfuerzo para mostrar el evento o suceso mismo—el horrendo bombardeo. En cambio, combina una serie de imágenes vivas que representan el horror, la agonía y la futilidad de la guerra.

Diego Rivera

A principios del siglo XX reinaban en México la inquietud e inestabilidad políticas. Los peones pobres trataban de mejorar sus vidas. Querían liberarse de los terrate-

nientes corruptos que los trataban como siervos. En 1911 cayó la dictadura de Porfirio Díaz y estalló la Revolución Mexicana que duró hasta 1921.

Durante esta época triste y sangrienta surgió un grupo de muralistas que dentro de poco tiempo gozarían de popularidad mundial. Diego Rivera fue uno de los primeros y más famosos de estos muralistas mexicanos. De joven, Rivera fue a Italia donde estudió las obras de los pintores de frescos italianos, sobre todo los frescos de Giotto. Este estudio le inspiró a representar en arte la valiente lucha del peón mexicano.

La liberación del peón es un fresco sobre yeso. Representa a un grupo de tristes soldados revolucionarios cortando las cuerdas con que está atado un peón muerto. Tienen una manta para cubrirle el cuerpo desnudo

"LA LIBERACIÓN DEL PEÓN", DIEGO RIVERA

Llámele a un voluntario para que describa uno de los cuadros en sus propias palabras. Permítale discutir sus reacciones, sus opiniones, etc. sobre el cuadro.

y azotado. A lo lejos se ven las llamas de una hacienda que está ardiendo. Esto nos indica que el dueño responsable de la muerte del pobre peón ya ha recibido su castigo. Y ahora, silenciosa y tristemente, los soldados hacen lo que pueden por su compañero.

"ZAPATISTAS", JOSÉ CLEMENTE OROZCO

José Clemente Orozco

José Clemente Orozco es otro de los famosos muralistas mexicanos. Tiene un estilo lleno de emoción, una emoción que expresa su ira y odio contra la tiranía. En su pintura *Zapatistas* vemos a los partidarios del líder revolucionario Emiliano Zapata que van a la guerra. El caminar pausado y laborioso de los peones, la inclinación de los cuerpos hacia adelante y la repetición de los sombreros y sarapes dan la impresión de una marcha determinada. Los peones de Orozco están unidos en una causa común: su determinación de derrocar a sus opresores ricos y poderosos. Mientras caminan, más y más gente se aliará con ellos. Nada los refrenará ni los disuadirá hasta que su enemigo haya sido destruido y la justicia y la libertad les hayan sido restauradas.

ACTIVIDADES

Actividades A, C y D
Las respuestas pueden variar.

A Sinopsis. Una sinopsis es un resumen de los puntos salientes de algo que hemos leído. Escoge a uno de los artistas y escribe una sinopsis de su vida y obra.

B Aprendiendo más. Un mural es un gran diseño o cuadro por lo general ejecutado o creado en la pared de un edificio público. A los muralistas mexicanos les gustaba pintar murales porque las pinturas en las paredes de edificios públicos llevaban su obra al pueblo. Y sus murales cuentan de revoluciones, tradiciones indígenas, fiestas y leyendas.

C Mi preferencia. De todos los cuadros que has visto en este capítulo, escoge tu favorito. Descríbelo y explica por qué tú lo consideras tu favorito o predilecto.

D Liberación del peón. Mira una vez más la obra de Rivera *Liberación del peón*. ¿Por qué titularía así la obra Rivera? ¿De qué ha sido liberado el peón? ¿Cómo le ha llegado su liberación?

Nuestra Literatura

El ingenioso hidalgo don Quijote de la Mancha
de Miguel de Cervantes Saavedra

INTRODUCCIÓN Ya sabemos que la literatura igual que la pintura es un arte. Uno es visual y el otro es verbal. Y cuando hablamos de literatura en lengua castellana no hay duda de que la obra más conocida y más leída de todas las letras hispanas es la novela *El ingenioso hidalgo don Quijote de la Mancha* de Miguel de Cervantes Saavedra.

La biografía de Cervantes es importante para el estudio de *El Quijote* porque el conocimiento de su biografía ilumina y explica mucho de lo que está en su obra. Los dos personajes principales son don Quijote, un caballero andante que es un idealista que muchos consideran loco por su afán de derrotar los males del mundo, y Sancho Panza, su escudero. El bajo y gordo Sancho es un realista puro que siempre trata de desviar a don Quijote de sus aventuras e ilusiones. Con muy poca frecuencia tiene éxito.

Se ha dicho muchas veces que la figura de don Quijote es símbolo de la personalidad humana de Cervantes mismo. Cervantes es a la vez manco, maltrecho y pobre después de muchas hazañas heroicas. El caballero loco de la Mancha, don Quijote, es como una imagen burlesca de su creador.

MIGUEL DE CERVANTES SAAVEDRA

Cervantes nació en Alcalá de Henares, la gran ciudad universitaria, en 1547. Su padre era un modesto hidalgo. Como la mayoría de los españoles de rango inferior de la nobleza de aquella época, ejercía una profesión, la de cirujano. Se sabe que la familia se mudaba con frecuencia, probablemente por obligaciones profesionales de su padre. Vivieron en Valladolid, Sevilla y Madrid. Se sabe muy poco sobre la educación formal de Cervantes. Pero se cree que después de sus andanzas juveniles por ciudades populosas llevando una vida de escasos recursos económicos, Cervantes aprendió a apreciar su libertad y disfrutar de la vida andariega. Adquirió un conoci-miento directo de la vida y de la existencia en diversas capas sociales.

Hágales a los estudiantes preguntas de comprensión al leer la biografía de Cervantes.

DON QUIJOTE Y SANCHO PANZA, MADRID

Cuando cumplió 20 años decidió ir a Italia donde sirvió al cardenal Acquaviva. Poco después entró en el ejército. Luchó en la famosa batalla de Lepanto en 1571 donde recibió dos heridas, una de ellas en la mano izquierda de donde viene su apodo el "manco de Lepanto". Más tarde tomó parte en las expediciones contra Túnez y la Goleta. En 1575 iba a volver a España. Se embarcó con cartas de recomendación de sus superiores. Volvía a España con la ilusión de recibir recompensa por sus servicios pero la galera en que viajaba fue presa por unos piratas y Cervantes pasó cinco años en cautiverio en Argel. En 1580 fue rescatado por unos frailes y por fin volvió a España.

Al volver a España se dio cuenta de que no iba a recibir ningún premio por sus servicios. Se instaló en Madrid y se hizo escritor. En 1584 se casó y parece que tampoco en el matrimonio encontró felicidad. Vivió de empleos humildes y pasó tiempo en Sevilla y otros lugares de Andalucía. En sus viajes conoció a gentes de toda condición. Conoció la vida de la España andariega, la vida del campo y la de la ciudad. Con las impresiones que recibió, tejió su obra.

El Quijote apareció en 1605. Su éxito fue inmediato e inmenso. Sin embargo, no produjo ningún dinero para el autor y Cervantes siguió quejándose de la pobreza hasta que murió en 1616.

Aquí tenemos el famoso episodio de don Quijote y los molinos de viento.

El ingenioso hidalgo don Quijote de la Mancha

Del buen suceso que el valeroso don Quijote tuvo en la espantable y jamás imaginada aventura de los molinos de viento, con otros sucesos dignos de felice recordación

Al presentar este capítulo de *El Quijote,* permita a un(a) estudiante que lea el papel de don Quijote y a otro(a) que lea el papel de Sancho Panza. Llame a otro(a) a que describa en sus propias palabras lo que ha leído, o sea, lo que han dicho don Quijote y Sancho Panza. Cuando sea necesario, ayúdeles a los estudiantes haciéndoles preguntas de comprensión.

En esto descubrieron treinta o cuarenta molinos de viento que hay en aquel campo; y así como don Quijote los vio, dijo a su escudero:

—La ventura va guiando nuestras cosas mejor de lo que acertáramos a desear; porque ves allí, amigo Sancho Panza, donde se descubren treinta o pocos más desaforados gigantes con quien pienso hacer batalla y quitarles a todos las vidas, con cuyos despojos comenzaremos a enriquecer; que ésta es buena guerra, y es gran servicio de Dios quitar tan mala simiente de sobre la faz de la tierra.

—¿Qué gigantes?—dijo Sancho Panza.

—Aquéllos que allí ves,—respondió su amo,—de los brazos lar-gos, que los suelen tener algunos de casi dos leguas.

—Mire vuestra merced,—respondió Sancho,—que aquéllos que allí se parecen, no son gigantes, sino molinos de viento, y lo que en ellos parecen brazos son las aspas, que volteadas del viento hacen andar la piedra del molino.

—Bien parece—respondió don Quijote—que no estás cursado en esto de las aventuras: ellos son gigantes, y si tienes miedo, quí-tate de ahí y ponte en oración en el espacio que yo voy a entrar con ellos en fiera y desigual batalla.

Y diciendo esto, dio de espuelas a su caballo Rocinante sin atender a las voces que su escudero Sancho le daba, advirtiéndo-le que sin duda alguna eran molinos de viento y no gigantes, aquéllos que iba a acometer. Pero él iba tan puesto en que eran gigantes que ni oía las voces de su escudero Sancho, no echaba de ver, aunque estaba ya bien cerca, lo que eran, antes iba diciendo en voces altas:

—Non fuyades, cobardes y viles criaturas, que un solo caballero es el que os acomete.

Levantóse en esto un poco de viento, y las grandes aspas comenzaron a moverse, lo cual visto por don Quijote, dijo:

—Pues aunque mováis más brazos que los del gigante Briareo, me lo habéis de pagar.

Y en diciendo esto, y encomendándose de todo corazón a su señora Dulcinea, pidiéndole que en tal trance le socorriese, bien cubierto de su rodela, con la lanza en el ristre, arremetió a todo el galope de Rocinante, y embistió con el primer molino que estaba delante, y dándole una lanzada en el aspa, la volvió el viento con tanta furia, que hizo la lanza pedazos, llevándose tras sí al caballo y al caballero, que fue rodando muy maltrecho por el campo. Acudió Sancho Panza a socorrerle a todo el correr de su asno, y cuando llegó, halló que no se podía menear: tal fue el golpe que dio con él Rocinante.

—¡Válame Dios!—dijo Sancho. —¿No le dije yo a vuestra merced que mirase bien lo que hacía, que no eran sino molinos de viento, y no lo podía ignorar sino quien llevase otros tales en la cabeza?

—Calla, amigo Sancho—respondió don Quijote—que las cosas de la guerra más que otras están sujetas a continua mudanza: cuanto más que yo pienso, y es así verdad, que aquel sabio Frestón, que me robó el aposento y los libros, ha vuelto estos gigantes en molinos por quitarme la gloria de su vencimiento: tal es la enemistad que me tiene; mas al cabo han de poder poco sus malas artes contra la bondad de mi espada.

—Dios lo haga como puede,—respondió Sancho Panza, y ayudándole a levantar, tornó a subir sobre Rocinante, que medio despaldado estaba. Y hablando en la pasada aventura, siguieron el camino del Puerto Lápice, porque allí decía don Quijote que no era posible dejar de hallarse muchas y diversas aventuras, por ser lugar muy pasajero; sino que iba muy pesaroso por haberle faltado la lanza.

Actividades

Actividades A, B y C
Las respuestas pueden variar.

● **A** **Comprensión.** Contesta las siguientes preguntas.
1. ¿Por qué otra cosa tomó don Quijote los molinos?
2. ¿Qué trató de hacer Sancho para evitar la batalla con los gigantes?
3. ¿Hizo caso don Quijote de las advertencias de Sancho?
4. ¿Cómo justificó don Quijote su confusión?
5. Para don Quijote, Dulcinea es la dama de sus pensamientos. Todo buen caballero andante tiene una dama ideal. En este capítulo de *El Quijote,* ¿qué le pide don Quijote a Dulcinea?

● **B** **Expresión escrita.** Escribe un resumen de este capítulo de *El Quijote.*

● **C** **Arte.** Dibuja lo que ves al leer este episodio de *El Quijote.* Puedes hacer tu dibujo de forma figurativa o abstracta.

● **D** **Música.** Escucha algunas canciones del espectáculo musical de Broadway, *The Man of La Mancha.*

NUESTRA CREATIVIDAD

ACTIVIDADES

Haga que cada grupo presente su dramatización a la clase.

Actividades A, B y C
Las respuestas pueden variar.

● **A** **Actividad cooperativa.** Trabajando en grupos preparen una dramatización de la aventura de don Quijote y los molinos de viento.

● **B** **Investigaciones.** Has leído que Pablo Picasso y Georges Braque crearon una nueva escuela de arte—el cubismo. Haz algunas investigaciones y escribe un informe sobre el cubismo.

● **C** **Artistas famosos.** Aquí tienes una lista de algunos artistas famosos del mundo hispano. Escoge uno y prepara un informe sobre su vida y obra.

ESPAÑA
Salvador Dalí
El Greco
Joan Miró
Bartolomé Murillo
Francisco de Zurbarán

MÉXICO
Frida Kahlo
David Alfaro Siqueiros
Rufino Tamayo

PUERTO RICO
Ángel Botello

COLOMBIA
Fernando Botero

JOAN MIRÓ

FRIDA KAHLO

Mira estas fotos y lee el artículo sobre una subasta de arte latinoamericano que tuvo lugar en Nueva York. ¿Te sorprenden los precios? Este artículo apareció en la revista *Vanidades*.

A la izquierda, Rufino Tamayo: "La tierra prometida (Israel de hoy)", 1963. Debajo, Mario Carreño: "Paisaje", 1943.

ARTE
Subasta en Sotheby's

La subasta de arte latinoamericano que celebra cada otoño en Nueva York la firma Sotheby's, revistió especial lucimiento en esta pasada ocasión, al ser presentadas obras de Rufino Tamayo, Diego Rivera, Fernando Botero, José Clemente Orozco, Mario Carreño, Leonora Carrington, Armando Morales y otros maestros, que sólo habían sido vistas en público contadas veces. Entre ellas "La casa de las gemelas Arias", de Botero, correspondiente a la serie de escenas de lupanar de los años 70, cuyo valor inicial partía del millón y medio de dólares. Con el mismo precio básico se presentó "La tierra prometida (Israel de hoy)" del maestro Tamayo, uno de dos murales que le fueron comisionados por el gobierno israelita para un navío en construcción. Otro cuadro suyo, "Mujer en éxtasis", partía del casi millón de dólares ($900.000).

El colorido "Paisaje" de Mario Carreño, salió a subasta con un cuarto de millón de dólares. Y cifras parecidas acompañaron las obras de Torres-García y Lam. A estos dos pintores, tan importantes como disímiles, el Departamento Educativo de Sotheby's dedicó un seminario de un día de duración, paralelo al desarrollo de la subasta, en tanto que un panel de especialistas estudiaba los logros de los jóvenes artistas agrupados en el proyecto del taller-estudio de la Fundación Antorchas, que dirige Guillermo Kuitca.

Al mismo tiempo, la subasta abarcó arte colonial, principalmente de México y Perú, sin que faltara el detalle curioso de alguna manifestación de paisajes y asuntos latinoamericanos interpretados por pintores norteamericanos del siglo XIX.

CAPÍTULO 13

Nuestro conocimiento académico

DE COMPRAS, CENTRO CÓRDOBA, BUENOS AIRES

El marketing

El marketing es un término moderno y muy usado en el mundo comercial. Y se está poniendo más y más importante. Se calcula que marketing representa el 50% del precio que paga el consumidor por un producto. En algunas ramas, como la ropa por ejemplo, es aún mayor.

Pero, ¿qué es el marketing? Es un poco difícil de definir. El marketing comprende la planificación, la promoción, la publicidad o propaganda y mucho más. En términos generales, marketing es la creación de un mercado para un producto antes de comenzar a producirlo.

El mercado

Un mercado se compone de personas o empresas que tienen el poder y la autoridad para comprar. Hay varios tipos de mercado. El mercado de consumo es uno de los más interesantes. En el mercado de consumo se encuentran los individuos o grupos que compran los productos para su uso personal o para el uso de su familia. El director de marketing tiene que analizar el mercado y escoger la parte de ese mercado que mejor le conviene a su producto. Y hay muchas

variables. Por ejemplo, un diseñador de ropa va a lanzar una nueva línea de pantalones. El departamento o servicio de marketing tiene que tomar en consideración muchos factores y tiene que dividir el mercado en segmentos. ¿Para quiénes van a ser los pantalones? ¿Para señores, para señoras o serán pantalones unisex? El tamaño del mercado cambia, ¿no? ¿Dónde va a vender los pantalones la empresa? ¿En los Estados Unidos o en un país extranjero? ¿En zonas rurales, urbanas o ambas? ¿Serán diseñados para los gustos de jóvenes o gente mayor? ¿Cuál será el precio? ¿Serán pantalones costosos o económicos? Hay que saber y

Dígale a un(a) estudiante que explique en sus propias palabras el significado de "Un mercado se compone de personas o empresas que tienen el poder y la autoridad para comprar". Hágale explicar la diferencia entre "poder" y "autoridad".

determinar a qué mercado o segmento del mercado el producto será destinado. El segmento del mercado que quiere capturar la empresa tendrá un impacto en el diseño y la confección de los pantalones. Los pantalones económicos o baratos no se diseñan ni se confeccionan de la misma manera que los pantalones costosos.

La promoción

Después de decidir que van a producir el producto y cómo lo van a producir, hay que preparar un plan o programa de promoción para lanzar el nuevo producto. Hay que buscar la mejor manera de informar al público sobre la existencia y las características del producto. Ahora se considera el papel que desempeñará la publicidad. Hay toda una serie de decisiones importantes que tiene que tomar la empresa respecto a la publicidad. ¿Cuál será el presupuesto? ¿Habrá mucho o poco dinero para la promoción de la nueva línea de pantalones? Si hay mucho dinero se puede lanzar una campaña publicitaria en la televisión. Si hay poco dinero no se puede porque la televisión cuesta mucho. Si la empresa decide que va a usar la televisión, hay que decidir qué programas de televisión. Si los pantalones son para jóvenes, no es aconsejable escoger un programa cuyo público tiende a ser mayor. Si en el presupuesto no hay suficiente dinero para la televisión, se puede poner anuncios en una revista. Pero una vez más hay que escoger la revista apropiada. Y la revista apropiada es la que se dirige al mismo mercado a que están destinados los pantalones, o lo que sea el producto.

En el mundo comercial hay que tomar en cuenta que la capacidad productiva es enorme, pero hay que vender el producto y …¡realizar una ganancia! Es ésta una de las mayores responsabilidades del departamento o servicio de marketing.

D Pantalón tostado
También con frente liso

Ahorre $10 en estos cómodos pantalones
$44.99
tallas regular, 2 o más

ACTIVIDADES

Actividades A, B y C
Las respuestas pueden variar.

A Definiciones. Escribe una definición de los siguientes términos.

1. el consumidor
2. el mercado
3. la publicidad
4. la empresa
5. el mercado de consumo
6. el precio
7. la ganancia
8. el marketing

B Expresión escrita. En unos párrafos explica cómo tú perteneces al mercado de consumo.

C Preferencias. ¿Crees que te gustaría una carrera en marketing? ¿Por qué has dicho que sí o que no?

Metáforas y símiles

1. El símil consiste en hacer una comparación. Se hace la comparación para dar mayor claridad y fuerza a las ideas. En el símil se emplean siempre dos términos que se comparan: A es como B. Observa los siguientes símiles.

> **Tus cabellos son como el oro.**
> **Ella tiene dientes como perlas.**

2. La metáfora es el cambio que se produce cuando llamamos a una cosa con el nombre de otra que es semejante. La metáfora, contraria al símil, no utiliza ningún término de comparación. En el símil decimos que A es como B. La metáfora dice A es (igual a) B. Observa las siguientes metáforas.

> **Tus cabellos son oro.**
> **Tus dientes son perlas.**

SÍMIL   METÁFORA
Tus cabellos son como el oro.   **Tus cabellos son oro.**

3. Hay dos tipos de metáfora: la metáfora perfecta y la metáfora imperfecta. En la metáfora perfecta aparece sólo un término.

> **Oro caía sobre sus espaldas.**

¿Qué es el oro?—cabellos brillantes de color amarillo.

En la metáfora imperfecta aparecen dos términos. Por eso se confunde con el símil.

> **El oro de sus cabellos caía sobre sus espaldas.**

Explíqueles a los estudiantes que muchas palabras son en realidad metáforas. Déles los siguientes ejemplos: la boca del túnel, la boca del metro, el cuello de la botella, el ala del sombrero.

Pregúnteles a los estudiantes si las siguientes son metáforas o no.
1. la música dulce (sí); **2.** la bebida dulce (no); **3.** la personalidad agria (sí); **4.** la fruta agria (no); **5.** la puerta abierta (no); **6.** el cáracter abierto (sí)

ACTIVIDADES

Actividades

A **1.** metáfora; **2.** metáfora; **3.** metáfora; **4.** símil; **5.** símil; **6.** metáfora

B Las respuestas pueden variar.

● **A** Indica si los siguientes son símiles o metáforas.
1. su mirada de miel
2. olas de plata y azul
3. corta el mar
4. la mañana es como una nube azul
5. la niebla es como el incienso
6. tus ojos son dos luceros

● **B** Escribe dos símiles y dos metáforas.

NUESTRA CULTURA

BIOGRAFÍA DE UN DISEÑADOR FAMOSO

El muy conocido diseñador de alta costura, Óscar de la Renta, nació en Santo Domingo, la capital de la República Dominicana, en 1936. Fue a Madrid a estudiar. En Madrid conoció al célebre modisto español, Balenciaga. Fue a trabajar con Balenciaga y así empezó su distinguida carrera en alta costura. Después de unos años con Balenciaga, de la Renta fue a París, la capital mundial de la moda.

De la Renta se hizo famoso por sus estilos lujosos. Se destacó en el diseño de elegantes trajes de noche confeccionados con telas extravagantes. Recibió tanta fama y aclamación que empezó a diseñar para la famosa modista Elizabeth Arden en Nueva York. Luego decidió establecer su propia empresa que ha tenido un éxito tremendo. La línea de la casa de Óscar de la Renta es caudalosa. Lo abarca todo: trajes de baño, trajes de noche, trajes de boda, pieles, perfumes y lencería.

El dominicano Óscar de la Renta es uno de los más renombrados modistos o diseña-

ÓSCAR DE LA RENTA, PARIS

La guardería es para niños muy jóvenes— infantes hasta los cinco años.

dores de este siglo. Su fama es mundial.

Y hay otras razones por la fama de este señor— razones muy humanas. Él ha jugado un papel importantísimo en varios proyectos caritativos en su país natal. Fundó un orfanato y un tipo de "Boys' Town" para niños desamparados. Estableció una guardería para niños muy jóvenes que pasan el día allí mientras sus padres trabajan. Recientemente fundó una escuela especial para sordomudos. Después de la muerte de su querida esposa Françoise de Langlade, el señor de la Renta cuidó personalmente a un niño abandonado que pesaba sólo dos libras. Él mismo le daba de comer, lo lavaba, cambiaba sus pañales y lo acariciaba. Los médicos creían que iba a morir. Pero no murió gracias a la ayuda del señor de la Renta quien decidió que su Moisés se quedaría para siempre en su hogar.

ACTIVIDADES

A **Comprensión.** Contesta las siguientes preguntas.

1. ¿Cómo se llama el diseñador?
2. ¿Dónde nació?
3. ¿Adónde fue a estudiar?
4. ¿Con quién trabajó?
5. ¿Dónde se instaló más tarde?
6. ¿Por qué se hizo famoso?
7. ¿Para quién diseñó? ¿Dónde?
8. ¿Qué estableció?
9. ¿Qué incluye la línea de la Renta?

B **La caridad.** En tus propias palabras describe la obra caritativa del señor de la Renta.

Actividades

A **1.** Óscar de la Renta; **2.** en Santo Domingo; **3.** a Madrid; **4.** con Balenciaga; **5.** en París; **6.** porque diseñó estilos muy lujosos; **7.** para Elizabeth Arden en Nueva York; **8.** su propia casa; **9.** todo—trajes de baño, de boda, pieles, perfumes, etc.

B Las respuestas pueden variar.

El "Boys' Town" que fundó Óscar de la Renta es para niños pobres de unos ocho años a la adolescencia. Los niños vienen para comer y asistir a clases. Allí pasan unas siete horas al día. Por la tarde salen a trabajar en una gasolinera, o para lavar parabrisas o despachar periódicos o chicle en una esquina o carretera.

NUESTRA LITERATURA

LA CAMISA DE MARGARITA
de Ricardo Palma

INTRODUCCIÓN Ricardo Palma es uno de los más renombrados hombres de letras peruanas de todos los tiempos. Él dio origen a un nuevo género literario llamado "la tradición". La tradición es una anécdota histórica que Palma mismo define en una carta a su amigo, Rafael Obligado.

"La tradición es romance y no es romance, es historia y no es historia. La forma ha de ser ligera y recogida; la narración, rápida y humorística."

Ricardo Palma fue bibliotecario en la Biblioteca Nacional del Perú. Fue allí donde recibió su inspiración para la producción de sus *Tradiciones peruanas*. Hizo sus investigaciones estudiando las antiguas crónicas, documentos legales, mapas y dibujos que encontró en la Biblioteca Nacional.

Publicó sus *Tradiciones peruanas* en diez tomos de 1872 a 1910. Las tradiciones presentan toda la historia del Perú desde la época precolombina hasta la guerra con Chile (1879–1883). Las más interesantes de las tradiciones son las que tratan de la época virreinal, o sea, la época colonial. La tradición que sigue, "La camisa de Margarita" es de esta época.

RICARDO PALMA

IGLESIA SAN FRANCISCO, LIMA

La camisa de Margarita

Probable es que algunos de mis lectores hayan oído decir a las viejas de Lima, cuando quieren ponderar lo subido de precio de un artículo: —¡Qué! Si esto es más caro que la camisa de Margarita Pareja.

Margarita Pareja era (por los años 1765) la hija más mimada de don Raimundo Pareja, caballero de Santiago y colector general del Callao.

La muchacha era una de esas limeñitas que, por su belleza, cautivan al mismo diablo y lo hacen persignarse. Lucía un par de ojos negros que eran como dos torpedos cargados de dinamita y que hacían explosión sobre el alma de los galanes limeños.

Llegó por entonces de España un arrogante mancebo llamado don Luis de Alcázar. Tenía éste en Lima un tío aragonés, solterón y acaudalado.

Mientras le llegaba la ocasión de heredar al tío, vivía nuestro don Luis tan pelado como una rata. Hasta sus trapicheos eran al fiado y para pagar cuando mejorase de fortuna.

En la procesión de Santa Rosa conoció Alcázar a la linda Margarita. La muchacha le llenó el ojo y le flechó el corazón. Le echó flores, y aunque ella no le contestó ni sí ni no, dio a entender con sonrisitas y demás armas del arsenal femenino que el galán era plato muy de su gusto. La verdad es que se enamoraron hasta la raíz del pelo.

Como los amantes olvidan que existe la aritmética, creyó don Luis que para el logro de sus amores no sería obstáculo su presente pobreza, y fue al padre de Margarita, y le pidió la mano de su hija.

A don Raimundo no le cayó en gracia la petición, y cortésmente despidió al postulante, diciéndole que Margarita era aún muy niña para tomar marido; pues a pesar de sus diez y ocho mayos, todavía jugaba a las muñecas.

Pero no era ésta la verdadera madre del ternero[1]. La negativa nacía de que don Raimundo no quería ser suegro de un pobretón; y así hubo de decirlo en confianza a sus amigos, uno de los que fue con el chisme a don Honorato, el tío aragonés. Éste, que era más altivo que el Cid, trinó de rabia y dijo:

—¡Cómo se entiende! ¡Desairar a mi sobrino! Muchos se darían con un canto en el pecho por emparentar con el muchacho, que no hay más gallardo en todo Lima. Pero, ¿adónde ha de ir conmigo ese colectorcillo?

Margarita gimoteó, y se arrancó el pelo, y si no amenazó con envenenarse, fue porque todavía no se habían inventado los fósforos.

[1] **la verdadera madre del ternero**
la verdadera razón para su decisión

Intercale la lectura con las preguntas de comprensión de la Actividad B.

Margarita perdía colores y carnes, se desmejoraba a vista de ojos, hablaba de meterse de monja.

—¡O de Luis o de Dios!—gritaba cada vez que los nervios se le sublevaban, lo que acontecía una hora sí y la otra también.

Alarmóse el caballero santiagués, llamó a físicos y curanderos, y todos declararon que la única medicina salvadora no se vendía en la botica. O casarla con el varón de su gusto, o encerrarla en el cajón. Tal fue el ultimátum del médico.

Don Raimundo (¡al fin, padre!) se encaminó como loco a casa de don Honorato y le dijo:

—Vengo a que consienta usted en que mañana mismo se case su sobrino con Margarita; porque, si no, la muchacha se nos va por la posta.

—No puede ser—contestó con desabrimiento el tío—. Mi sobrino es un pobretón, y lo que usted debe buscar para su hija es un hombre que varee la plata.

El diálogo fue borrascoso. Mientras más rogaba don Raimundo, más se subía el aragonés a la parra, y ya aquél iba a retirarse desahuciado cuando don Luis, terciando en la cuestión, dijo:

—Pero, tío, no es de cristianos que matemos a quien no tiene la culpa.

—¿Tú te das por satisfecho?

—De todo corazón, tío y señor.

—Pues bien, muchacho, consiento en darte gusto; pero con una condición, y es ésta: don Raimundo me ha de jurar que no regalará un ochavo a su hija ni le dejará un real en la herencia.

Aquí se entabló un nuevo y más agitado litigio.

—Pero, hombre—arguyó don Raimundo—, mi hija tiene veinte mil duros de dote.

Pregúnteles a los estudiantes si saben lo que es una dote.

—Renunciamos a la dote. La niña vendrá a casa de su marido nada más que con lo encapillado.

—Concédame usted entonces obsequiarle los muebles y el ajuar de novia.

—Ni un alfiler. Si no acomoda, dejarlo y que se muera la chica.

—Sea usted razonable, don Honorato. Mi hija necesita llevar siquiera una camisa para reemplazar la puesta.

—Bien. Para que no me acuse de obstinado, consiento en que le regale la camisa de novia, y san se acabó.

Al día siguiente don Raimundo y don Honorato se dirigieron muy de mañana a San Francisco, arrodillándose para oír misa, y, según lo pactado, en el momento en que el sacerdote elevaba la Hostia divina, dijo el padre de Margarita: —Juro no dar a mi hija más que la camisa de novia. Así Dios me condene si perjurare.

Y don Raimundo Pareja cumplió su juramento; porque ni en la vida ni en muerte dio después a su hija cosa que valiera un maravedí[2].

[2]**maravedí** antigua moneda española de poco valor

Los encajes de Flandes que adornaban la camisa de la novia costaron dos mil setecientos duros³. El cordoncillo que ajustaba al cuello era una cadeneta de brillantes, valorizada en treinta mil morlacos⁴.

Los recién casados hicieron creer al tío aragonés que la camisa a lo más valdría una onza, porque don Honorato era tan testarudo que, a saber lo cierto, habría forzado al sobrino a divorciarse.

Convengamos en que fue muy merecida la fama que alcanzó la camisa nupcial de Margarita Pareja.

ACTIVIDADES

A **Los personajes.** Identifica los siguientes personajes.
1. Margarita Pareja
2. Luis de Alcázar
3. don Raimundo
4. don Honorato

B **Comprensión.** Contesta las siguientes preguntas.
1. ¿De dónde era Margarita Pareja?
2. ¿De dónde era Luis?
3. ¿Cómo vivía Luis al llegar a Lima?
4. ¿Cómo se puso Margarita cuando se dio cuenta de que su padre no le permitiría casarse con Luis?
5. ¿Cómo se enteró el tío de Luis de que el padre de Margarita no consentiría al matrimonio?
6. ¿Cuál fue el ultimátum médico que recibió el padre de Margarita?
7. ¿Cuál fue la condición que el tío de Luis le dio al padre de Margarita?
8. ¿Qué quería darle a Margarita su padre?
9. ¿En qué consintió el tío de Luis?
10. ¿Qué juró el padre de Margarita? ¿Dónde lo juró?
11. ¿Cómo es que la camisa valía tanto?
12. ¿Por qué no quería que el tío de Luis supiera de su valor?

C **Explicación.** Explica por qué el padre no le dio permiso a Luis para casarse con su hija. ¿Qué excusa le dio? ¿Cuál fue su verdadera razón?

D **Descripción.** Escribe una descripción completa de Margarita. En la descripción que nos da Ricardo Palma hay una metáfora. ¿Cuál es?

E **Explicación.** Explica cuándo y por qué dicen en Lima "¡Qué! Si esto es más caro que la camisa de Margarita Pareja".

Nuestra Creatividad

EL CENTRO COMERCIAL PERISUR, MÉXICO, D.F.

UN ESCAPARATE, MADRID

ACTIVIDADES

Actividad A
Las respuestas pueden variar.
Permítale a cada grupo que presente su plan a la clase.

A Actividad cooperativa. Trabajando en grupos de tres van a imaginar que están trabajando con una empresa que confecciona vestidos. Van a planear un nuevo producto. Uds. tienen que trabajar juntos y decidir:

▶ cuál será el producto
▶ cuál será su mercado, es decir, para quién será el producto. Hay que tomar en cuenta el sexo, la edad, la geografía, los recursos económicos, etc.
▶ el precio del producto al consumidor
▶ cómo van a lanzar y promover el producto
▶ cómo será el presupuesto publicitario
▶ en qué medios anunciarán el producto
▶ en dónde lo venderán, boutiques o tiendas por departamentos, etc.
▶ por qué creen que realizarán una ganancia

NUESTRAS DIVERSIONES

Aquí tenemos parte de una entrevista que dio el gran diseñador Óscar de la Renta a la revista *Buenhogar*. Ya sabemos que el señor de la Renta ha hecho mucho para ayudar a los niños necesitados de su país natal. Aquí lo vemos en una foto rodeado de algunos de los niños que él ayuda. Dice el señor de la Renta: "Hoy en día nos ocupamos de aproximadamente 400 niños diariamente. Hemos ido creciendo, poco a poco, ayudando en las diferentes necesidades".

El gran diseñador con algunos de los niños que él ayuda y por los que tanto se preocupa

BH: La fama, ¿ha cambiado en algo tu forma de ser?

OdR: Yo tengo la suerte de que en realidad, personalmente, nunca he cambiado. La razón por la cual a mí me encanta Santo Domingo es porque yo nunca trabajé en mi país. Me fui de él a los 17 años. Es el único sitio que no relaciono con el trabajo. Es como si no me hubiese ido nunca. Yo pienso en mí cuando tenía 17 años y mis amigos son los mismos que yo dejé en aquella época. En ese sentido, mi vida ha sido muy balanceada, por lo menos trato de que mis triunfos no me hagan cambiar.

ÓSCAR DE LA RENTA asegura que lo que más le satisface de su éxito es que los latinos se sientan plenamente orgullosos de él. "Tengo la inmensa responsabilidad de poner nuestro nombre muy en alto", concluye.

ACTIVIDADES

● **A** **Una entrevista.** Prepara una entrevista que vas a tener con un personaje famoso. Planea con cuidado todas las preguntas que le vas a hacer.

Actividad A
Las respuestas pueden variar.

CAPÍTULO 14

Nuestro conocimiento ACADÉMICO

El gobierno y la POLÍTICA

Según el gran historiador británico Arnold J. Toynbee ha habido 21 grandes civilizaciones a través de la historia. A éstas habría que añadir un número mayor de sociedades primitivas. Las instituciones políticas con autoridad para hacer y hacer respetar las leyes, es decir, los gobiernos, han existido tanto en las sociedades primitivas como en las avanzadas. Las formas y procedimientos han variado, pero la evidencia de los sociólogos e historiadores nos indica que alguna forma de gobierno es indispensable para el funcionamiento de la vida común. Sin gobierno hay anarquía o caos.

Los gobiernos, como toda institución social, varían mucho. La geografía, el clima, la historia, las costumbres, los recursos y el nivel de desarrollo son factores que influyen en las diferencias. Por eso se ve que las formas de gobierno que tienen gran éxito en una sociedad, cuando se trasladan a otra, pueden resultar en un rotundo fracaso.

Gobiernos demócratas

En los países democráticos, como los Estados Unidos, muchos países europeos, latinoamericanos y asiáticos, el pueblo tiene el derecho al voto. Todo ciudadano mayor de edad tiene el derecho al voto. Es decir que pueden votar en las elecciones nacionales y locales. Cada partido político apoya a su candidato. En muchos países hay dos o más partidos políticos. Es posible que haya también candidatos independientes. El candidato que recibe la mayoría de los votos es elegido presidente, senador, congresista, gobernador, alcalde o lo que sea.

EL CAPITOLIO, CARACAS

Los términos más importantes de esta lectura son: el gobierno, la anarquía, el nivel de desarrollo, la democracia, democrático, el derecho al voto, el ciudadano, mayor de edad, votar, la elección, el partido político, el candidato, el candidato independiente, el senador, el congresista, el gobernador, el alcalde, la constitución, enmendar, la enmienda, el artículo, la sección, los derechos del pueblo, el Estado, el Congreso, la Cámara de Representantes (Diputados), el sistema bicameral, unicameral, el parlamento,

La Constitución

El presidente de los Estados Unidos, por ejemplo, es el jefe ejecutivo del gobierno. La responsabilidad primordial del gobierno es la de proteger los derechos del pueblo. La Constitución es la ley fundamental escrita de la organización del Estado o de la nación. La más antigua de estas constituciones es la estadounidense, que data de 1787. Sirvió de modelo a muchas constituciones, incluyendo a las de muchas de las repúblicas latinoamericanas. La Constitución está organizada sistemáticamente en secciones, títulos y artículos. La Constitución de los Estados Unidos dice:

ARTÍCULO 1: SECCIÓN 1: *Todos los poderes legislativos otorgados por esta Constitución residirán en un Congreso de los Estados Unidos que se compondrá de un Senado y de una Cámara de Representantes.*

ELECCIONES, SANTA FE DE BOGOTÁ

Así, en los Estados Unidos rige el sistema bicameral. En algunas democracias, la británica, por ejemplo, hay un sistema unicameral. Hay un parlamento, llamado la dieta en algunos países. Las constituciones indican quiénes desempeñarán las funciones políti-

cas más importantes, la forma para determinar la selección de las personas que tendrán esos cargos y los procedimientos para enmendar la misma constitución. En algunas constituciones hay una declaración sobre los derechos básicos de los ciudadanos.

Gobierno democrático unicameral

En un sistema de gobierno democrático unicameral, como la Gran Bretaña, España y el Japón, los ciudadanos no eligen al primer ministro. Eligen a los miembros del parlamento o dieta, y el partido mayoritario del parlamento escoge al primer ministro. Si no hay un partido mayoritario, varios partidos tienen que unirse para formar una coalición. Luego los partidos de la coalición seleccionan al primer ministro. De vez en cuando la oposición se pone muy en contra de la política del primer ministro. En algunas circunstancias el primer ministro pide el voto de confianza de todos los miembros del parlamento. Y a veces recurre al pueblo con un plebiscito o referéndum. Los ciudadanos votan indicando si están a favor o en contra de la política del primer ministro. Si la mayoría está a favor del primer ministro, éste sigue en su cargo, y si la mayoría está en contra, el primer ministro renuncia a su cargo y el parlamento tiene que escoger a otro para reemplazarlo.

Gobiernos autocráticos

No todos los países tienen gobiernos democráticos. En muchos hay gobiernos autocráticos o despóticos. Son dictaduras. El jefe de una dictadura es el dictador o a veces una junta militar. Bajo un régimen autocrático

la dieta, el primer ministro, el partido mayoritario, la coalición, un voto de confianza, el referéndum, el plebiscito, autocrático, el dictador, la junta militar, el régimen, la libertad de palabra, la ley marcial, el toque de queda.

es común que los ciudadanos no tengan el derecho al voto ni la libertad de palabra. En algunos casos el dictador derroca a un gobierno democrático y revoca la constitución para instalarse en el poder. Si el pueblo no quiere tolerar al gobierno, habrá manifestaciones y sublevaciones. En este caso no es raro que el gobierno declare la ley marcial. A veces imponen un toque de queda, es decir que los ciudadanos no pueden salir a la calle después de una hora determinada.

ACTIVIDADES

UNA MANIFESTACIÓN, MADRES DE LOS DESAPARECIDOS, BUENOS AIRES

A Comprensión. Contesta las siguientes preguntas.

1. ¿Por qué es necesario tener alguna forma de gobierno?
2. ¿Cuáles son algunos factores que influyen en la organización del gobierno?
3. En una forma democrática de gobierno, ¿qué derecho tiene el pueblo?
4. ¿Quién selecciona a los candidatos?
5. ¿Qué es el presidente de los Estados Unidos?
6. ¿Cuál es la responsabilidad primordial del gobierno?
7. ¿Qué es la Constitución?
8. ¿Cómo se selecciona a un primer ministro en un sistema unicameral?
9. ¿Cuándo pide el primer ministro un voto de confianza o un plebiscito?
10. ¿Quién es el jefe de un gobierno autocrático?
11. ¿Qué tiene lugar si el pueblo no puede tolerar la política del gobierno?
12. A veces, ¿qué declarará el gobierno? ¿Qué impondrá?

B Diferencias. Explica la diferencia.

1. un gobierno democrático y un gobierno autocrático
2. un sistema bicameral y un sistema unicameral

C La legislación. Explica en dónde residen los poderes legislativos en el gobierno de los Estados Unidos y cómo funcionan.

D Un poco más. A ver lo que sabes del gobierno. Contesta las siguientes preguntas.

1. ¿Cuáles son los dos partidos políticos principales de los Estados Unidos?
2. ¿Quién es el presidente de los Estados Unidos actualmente? ¿A qué partido político pertenece?
3. ¿Quién es el gobernador de tu estado?
4. ¿Cuántos senadores tiene cada estado?
5. ¿Quiénes son los senadores de tu estado?
6. ¿Cuántos congresistas hay en la Cámara de Representantes?
7. ¿Quién es tu congresista o representante?
8. ¿Quién es el alcalde o la alcaldesa de tu pueblo o ciudad?

REGIONALISMOS

Ya sabemos que nuestro idioma, el español, es la lengua de España, de casi todos los países latinoamericanos y de varias áreas de los Estados Unidos. Es el idioma de muchas áreas geográficas y de muchos grupos étnicos. Por consiguiente es fácil comprender por qué hay en nuestro idioma lo que llamamos regionalismos. Un regionalismo puede consistir en una variación regional en la pronunciación o en el uso de una palabra. Un regionalismo en muchos casos es completamente normal y aceptable; de ninguna manera es un error. En la próxima lección diferenciaremos entre un regionalismo y un vulgarismo.

Pronunciación

Dígales a los estudiantes que la palabra *gutural* significa de la garganta. Describe un sonido producido en la garganta.

CIBELES, MADRID

La pronunciación varía mucho de una región a otra. Estas variaciones de pronunciación existen en todos los idiomas. Mientras más gente hable el idioma, más variaciones habrá. En España, por ejemplo, la *c* y la *z* se pronuncian como la *th* en inglés. En algunas partes de España la *d* final de una palabra como *universidad* se pronuncia como *th*; en otras partes se pronuncia como una *t* y en otras se suprime; es decir que no se pronuncia. La *j* y la *g* en España suelen ser más fuertes que en Latinoamérica. Es un sonido muy gutural en España.

Ya sabemos que en Latinoamérica el sonido *th* que se oye en muchas partes de España no existe. En todo Latinoamérica se usa el seseo. En el Caribe y en otras regiones, la *s* se aspira. Es decir que no se pronuncia. En la Argentina y Uruguay, la *y* y la *ll* se pronuncian casi igual que la *j* en el nombre inglés *Joe*. Todas estas variaciones son ejemplos de regionalismos, y los que los tienen no los deben tratar de cambiar.

Uso de vocablos

El uso de vocablos (palabras) tiene variaciones también. Vamos a empezar una vez más con España, la madre patria. En España se dice *el coche,* no *el carro.* En gran parte de Latinoamérica *el coche* es considerado arcaico. En España uno *saca un billete,* no *compra un boleto.* Un alumno *sigue un curso,* no *toma un curso.* Uno baja en *el ascensor,* no baja en *el elevador. El camarero* te atiende en el "restorán", no *el mesero.* La lista es bastante larga.

Como la América Latina es una región tan extensa, existen regionalismos en los distintos países latinoamericanos. Vamos a empezar con la palabra *carro*. Dicen *el coche* en España, pero en casi todas partes de Latinoamérica se dice *el carro*. El uso de la palabra *carro* es casi universal en Latinoamérica, pero ése no es el caso con los nombres de las piezas del carro y los nombres de otros vehículos. ¡Vamos a ver! ¿Cuál es la palabra que tú usas?

▶ la cajuela, el maletero, la maletera
▶ la goma, el neumático, la llanta, el caucho
▶ el carril, la banda, la vía, la pista, el canal, la mano
▶ el autobús, el bus, el ómnibus, el camión, la guagua, el micro, el colectivo, la góndola

¿Y en tu casa?

▶ la manta, la frisa, la frazada, la cobija
▶ el dormitorio, el cuarto (de dormir), la recámara
▶ el grifo, el caño, la llave, la pluma, el robinete

Todas estas palabras varían según la región. En la región donde se usan, son correctas, son aceptables y no es necesario cambiarlas o dejar de usarlas por ser más instruido y culto. En la próxima lección estudiaremos algunas cosas que debemos evitar.

ACTIVIDADES

A Vamos a trabajar en grupos y vamos a ver quiénes reconocen estas palabras y quiénes no las reconocen. Todas estas palabras son aceptadas en una u otra región del mundo hispanohablante. Si conocen la palabra, expliquen cómo la usan y lo que significa.

1. la guagua
2. el zumo
3. el jugo de china
4. la naranja
5. la estufa
6. la bata
7. andar
8. platicar
9. la carpa
10. el cuate
11. cate
12. el chico
13. el chamaco
14. el cojín
15. la cola
16. la fila
17. la colonia
18. la alberca
19. la piscina
20. mecate

UN AUTOBÚS, BOGOTÁ

POBLACIONES INDÍGENAS DE LATINOAMÉRICA

Los incas

Según la leyenda, los primeros incas fueron creados por Inti el dios Sol. Se llamaban Manco Cápac y Mama Ocllo. El dios Inti los colocó en el lago Titicaca. Les dio una vara de oro y les dijo que se establecieran en el lugar donde la vara, al enterrarla, desapareciera. En el valle fértil y bello, hundieron la vara y desapareció. En aquel lugar fundaron la ciudad del Cuzco, la capital del imperio incaico.

El imperio incaico se extendió por casi toda la costa occidental de la América del Sur—Ecuador, Perú, Bolivia, el norte de Chile y la Argentina. El emperador de los incas se llamaba el Inca. El Inca siempre estaba al tanto de lo que sucedía en todo el imperio. Los incas tenían un sistema excelente de carreteras que unían al Cuzco con todo el imperio. Los chasquis eran mensajeros que corrían grandes distancias llevando órdenes y noticias. Como en una carrera de relevos o de postas, el chasqui pasaba la información a otro que luego seguía corriendo. Los chasquis llevaban quipus. Como los incas no tenían un sistema de escritura perfeccionada, inventaron un sistema de cordones y nudos de varios colores. Estos cordones y nudos, llamados quipus, transmitían datos e ideas. El idioma de los incas era el quechua, y hoy día los indígenas descendientes de los incas en el Perú y Bolivia siguen hablando quechua.

La base de la estructura social de los incas era el ayllu. Las familias vivían en grupos de diez. Las dirigía un líder. Él super-

INDIA AYMARÁ, LAGO TITICACA

visaba su trabajo y mantenía la disciplina. Estas unidades de diez familias luego se agrupaban en un ayllu. Las familias de un ayllu compartían la tierra, los animales y la comida.

El Inca era también la máxima autoridad religiosa. Era el representante en la tierra del Sol. La base de la religión incaica era el culto al Sol, o al Inti.

Los aztecas

Hay muchas leyendas y mitos que explican el origen de los aztecas en el valle de Anáhuac, actualmente el Valle de México. Una dice que los aztecas vinieron del norte de México y en el año 1168 su dios principal, Huitzilopóchtli, les dijo que abandonaran el territorio donde vivían y que construyeran una nueva ciudad donde encontraran un águila sobre un cactus con una serpiente en la boca. Por años los aztecas estuvieron vagando por México y finalmente en el año 1200 llegaron al valle de Anáhuac donde vivían los toltecas, una tribu culta y poderosa. Los aztecas iban asimilando la cultura, religión y arte de sus vecinos. Y según la

Hágales a los estudiantes preguntas de comprensión tales como: ¿Por quién fueron creados los primeros incas? ¿Cómo se llamaban los primeros incas? ¿Dónde los colocó el dios? ¿Qué les dio?

NUESTRA CULTURA   159

leyenda los aztecas fundaron su capital Tenochtitlán, actualmente la Ciudad de México, en 1325 en una isla pequeña del lago de Texcoco en el Valle de Anáhuac porque allí encontraron un águila sobre un cactus devorando una serpiente. En ese lugar construyeron una ciudad maravillosa de muchas lagunas.

Los aztecas vivían en pequeñas chozas techadas de pajas y hojas. Comían maíz, frijoles y chiles. Su bebida favorita era el chocolatl, de donde viene la palabra *chocolate*. En el tiempo libre se dedicaban a la alfarería y confeccionaban preciosos tejidos. Hacían diseños en algodón, maguey, piedra, etc.

COATLICUE, DIOSA DE LOS AZTECAS

EL CALENDARIO AZTECA

La religión desempeñaba un papel importante en la vida de los aztecas. Adoraban a muchos dioses: el Sol, la Luna, la Tierra, la Lluvia. Pero la religión azteca era sanguinaria y las ceremonias siempre terminaban con sacrificios humanos. Los aztecas eran guerreros feroces y consultaban con su dios de Guerra antes de entrar en batalla.

Los aztecas dejaron contribuciones importantes en el campo del arte. El famoso calendario azteca es una obra de arte magnífica. Es uno de los objetos arqueológicos más famosos del mundo. Además de ser una obra artística, el calendario da testimonio del gran conocimiento que tenían los aztecas de la astronomía y las matemáticas.

ACTIVIDADES

● **A Informes.** Identifica las siguientes personas o cosas.

1. el Inti
2. Cuzco
3. el Inca
4. los chasquis
5. los quipus
6. el ayllu
7. Anáhuac
8. Huitzilopóchtli
9. los toltecas
10. Tenochtitlán

● **B Leyendas.** En tus propias palabras describe la leyenda del origen de los incas y la de la fundación de Tenochtitlán por los aztecas.

Actividades

A **1.** el dios Sol de los incas; **2.** capital del imperio incaico; **3.** el dios supremo de los incas; **4.** los mensajeros de los incas; **5.** cuerdas de varios colores que llevaban los chasquis; **6.** un grupo o unidad social de los incas, tipo de pueblo de los incas; **7.** un valle en el centro de México; **8.** el dios principal de los aztecas; **9.** una tribu culta y poderosa de México; **10.** la capital de los aztecas, hoy la Ciudad de México

B Las respuestas pueden variar.

$\mathcal{N}$UESTRA LITERATURA

¡QUIÉN SABE!
de José Santos Chocano

INTRODUCCIÓN José Santos Chocano (1875–1934) nació en el Perú. Durante su vida tumultuosa viajó por muchos países de la América Latina y vivió varios años en Madrid. En sus poesías Chocano canta las hazañas de su gente y describe la naturaleza americana: los volcanes, la cordillera andina y las selvas misteriosas.

Chocano se sintió inca. Él quería ser indio y español a la vez. Esa fusión de lo indígena y lo español la sentía en sus venas. Una de sus abuelas descendía de un capitán español y la otra era de una familia inca. La voz del poeta era la de un mestizo que conocía a su gente y su tierra.

Él mismo se proclamó cantor de América, autóctono y salvaje de la América de habla española. "Walt Whitman tiene el Norte, pero yo tengo el Sur", dijo Chocano.

JOSÉ SANTOS CHOCANO

PAISAJE ANDINO, PERÚ

¡Quién sabe!

—Indio que labras con fatiga
tierras que de otros dueños son:
¿Ignoras tú que deben tuyas
ser, por tu sangre y tu sudor?
¿Ignoras tú que audaz codicia,
siglos atrás te las quitó?
¿Ignoras tú que eres el Amo?
    —¡Quién sabe, señor!

—Indio de frente taciturna
y de pupilas sin fulgor.
¿Qué pensamiento es el que escondes
en tu enigmática expresión?
¿Qué es lo que buscas en tu vida?
¿Qué es lo que imploras a tu Dios?
¿Qué es lo que sueña tu silencio?
    —¡Quién sabe, señor!

ACTIVIDADES

Actividades

A **1.** Tiene una frente taciturna.
2. Tiene pupilas sin fulgor. **3.** Tiene
una enigmática expresión. **4.** ¿Qué
pensamiento es el que escondes?

B Las respuestas pueden variar.

C **1.** ignoras; **2.** sudor; **3.** codicia;
4. taciturna; **5.** el Amo; **6.** enigmática

A **Expresión.** ¿Cómo dice el poeta lo siguiente?

1. El indio parece melancólico.
2. Parece que no tiene alegría ni esperanza.
3. Tiene una mirada vaga y misteriosa.
4. Parece que está pensando en algo pero no se lo revela a nadie.

B **Análisis.** Contesta.

1. Según el poeta, ¿cuáles son tres cosas que es posible que el indio no sepa?
2. ¿Por qué le dice el poeta al indio que las tierras deben ser suyas por su sudor y su sangre?
3. El poeta le pregunta al indio si sabe que ya hace siglos una audaz codicia le quitó sus tierras. ¿A qué y a quiénes se refiere?

C **Palabras.** En el poema, busca las palabras cuya definición sigue.

1. no sabes
2. transpiración
3. ambición exagerada de riquezas
4. melancólica
5. jefe, patrón
6. misteriosa, vaga

INDÍGENA DEL ALTIPLANO PERUANO

NUESTRA CREATIVIDAD

Actividades A, B y C
Las respuestas pueden variar.

A Expresión escrita. Escribe una composición sobre uno de los temas siguientes.

1. la importancia del gobierno
2. la sociedad sin gobierno

B Investigaciones. Un grupo de indios que disfrutaba de un alto nivel de civilización era los mayas. Los mayas vivían en el sur de México, en la península de Yucatán y en parte de la América Central, sobre todo Guatemala. Busca informes sobre este grupo indígena interesantísimo.

C Actividad cooperativa. Trabajen en grupos de tres o cuatro. Cada grupo va a preparar un viaje para visitar un lugar de interés arqueológico donde verán los restos de una civilización indígena precolombina. Lugares que pueden escoger son: Cuzco y Machu Picchu en el Perú, Tikal en Guatemala, la Ciudad de México, Chichén Itzá en Yucatán, México.

Trabajando juntos, hagan unas investigaciones y decidan lo que van a ver, cómo van a ir, etc. Es posible que quieran hacer una visita a una agencia de viajes para buscar información.

TEMPLO MAYA, CHICHÉN ITZA, MÉXICO

Nuestras Diversiones

Lee este artículo sobre Ricardo Montaner que apareció en la revista *Tú* sobre este cantante generoso. ¿Por qué habrá titulado su nuevo álbum "Los hijos del sol"?

RICARDO MONTANER

Es el cantautor más romántico del momento... el que te hace vibrar. Y ahora, más que nunca, te estremece con su música dedicada a los niños desamparados de nuestros países. ¿Por qué no le dedicas tu corazón a este gesto de hermandad? Ricardo y los hijos del sol te necesitan.

Un nuevo álbum de Ricardo Montaner siempre es motivo de celebración. El creador de "Déjame llorar", "Yo que te amé" y "Tan enamorados", te estremece como pocos, quizás porque sientes que las palabras le salen del corazón. Sí, Ricardo es uno de los últimos grandes románticos… y misteriosos. Mantiene su vida privada en secreto, y deja que su música lo represente.

¿Datos personales? Nació en Argentina, pero su niñez transcurrió en Maracaibo, Venezuela. En 1986 se trasladó a Caracas, lleno de sueños… y el resto es historia. Comenzaron los éxitos y ¡no se han detenido! ¿Su filosofía de la vida? Abrir el corazón a los que necesitan amor y ayuda. Es por eso que su nuevo álbum se llama "Los hijos del sol" y está dedicado a los niños desamparados de América Latina.

Montaner no se resigna a tolerar el hambre, la pobreza y la situación desesperada de estos chicos. Inauguró recientemente una casa de beneficencia, donde los niños pobres pueden recibir la ayuda que tanto necesitan. Su sueño es llevar esta hermosa misión por toda Latinoamérica.

El disco está fabuloso. "Castillo azul" es el primer corte que distribuirá su casa disquera, pero también incluye una versión muy Montaner del bolero "Sabor a nada", y los futuros exitazos "Piel adentro", "Al final del arco iris" y "Vivir con ánimo". Échale una oreja a este LP tan especial y, cuando lo escuches, recuerda que tiene una misión del corazón: amparar a quienes más lo necesitan. "Estamos en una época llena de problemas", dice Ricardo. "Lo único que nos puede salvar es una cosa muy humana que se llama compasión…" ¡Contágiate con esta maravillosa cualidad!

CAPÍTULO 15

Nuestro conocimiento académico

Dígales a los estudiantes que indiquen todo lo que se debe hacer para practicar buena higiene personal.

La salud

Nuestra salud es muy importante. Y es necesario saber preservarla porque si no gozamos de buena salud, no podemos gozar de la vida.

Desde hace siglos la gente se ha preocupado por la salud. En la antigüedad los egipcios tomaban baños frecuentes. Los hebreos tenían su día de descanso cada semana, lo cual era una medida que cuidaba de la salud igual que de la religión. Los antiguos griegos enfatizaban el ejercicio y los deportes así como el aseo y la dieta.

CEPILLÁNDOSE LOS DIENTES

Higiene personal

Hoy en día se está hablando mucho del aseo personal. El aseo personal o la limpieza del cuerpo es esencial para mantener la salud. Debemos bañarnos o ducharnos con frecuencia y lavarnos las manos antes de cada comida. Y después de cada comida debemos lavarnos los dientes, cepillándolos verticalmente empezando con las encías. Los dentistas nos aconsejan usar el hilo dental para evitar las caries.

Alimentos

Para mantener la salud tenemos que comer bien. En el pasado eran frecuentes las enfermedades causadas por deficiencias alimenticias. Hoy en día son menos comunes pero todavía hay gente que carece de uno o más alimentos esenciales.

El número de calorías que requiere una persona depende de su metabolismo y del nivel de su actividad física. La edad, el sexo, la estatura y las condiciones climatológicas también son factores. Los adolescentes, por ejemplo, necesitan más calorías que los ancianos porque suelen ser más activos. Los jóvenes necesitan muchas proteínas porque las proteínas son muy importantes durante el período de crecimiento. Las carnes y los

Pregúnteles a los estudiantes si han aprendido lo que es el metabolismo en sus cursos de ciencias. (El metabolismo es la suma total de todas las reacciones bioquímicas en el cuerpo—sintéticas (constructivas o anabólicas) y de degradación (catabólicas). Las reacciones anabólicas convierten compuestos nutritivos simples en materia viviente compleja. Las reacciones catabólicas degradan sustancias complejas en el cuerpo y con frecuencia liberan energía.

huevos son buenas fuentes de proteína. Otros elementos importantes son los siguientes:

Los carbohidratos (azúcares). Los carbohidratos son la fuente de energía más eficaz para el cuerpo humano.

Los lípidos (grasas). Los lípidos son otra fuente importante de energía. Pero hay que controlar el consumo de lípidos porque en muchos individuos pueden elevar el nivel de colesterol.

Los minerales. Los minerales son esenciales para el cuerpo humano. Los huesos y los dientes necesitan calcio. El hierro es esencial para la sangre.

Las vitaminas. Las vitaminas son indispensables para el buen funcionamiento del organismo. Funcionan como catalizadores que permiten numerosas reacciones biológicas. Por ejemplo, los huesos necesitan vitamina D para usar el calcio. Las vitaminas que necesita el cuerpo son:

VITAMINA	FUNCIONAMIENTO	FUENTE
A	el crecimiento, la vista, la piel	legumbres verdes y amarillas, hígado, leche, frutas amarillas
B	el crecimiento, el sistema nervioso, el consumo de carbohidratos, la producción de glóbulos rojos	carne, huevos, leche, cereales, verduras
C	el crecimiento, los huesos y los dientes, la cicatrización	frutas cítricas, tomates, lechuga
D	el consumo de calcio y fósforo para los huesos y dientes	leche, huevos, pescado
E	la formación de membranas celulares	aceites vegetales, huevos, cereales

Régimen

Lo más recomendable para mantenerse en buena salud es seguir un régimen alimenticio equilibrado y variado durante todo el año. Para mantenerse en buena forma física se debe hacer ejercicio casi todos los días.

El ejercicio físico ayuda a mantenerse en forma y conservar la salud. La bicicleta, el jogging, los ejercicios aeróbicos y la natación pueden contribuir a mejorar mucho la salud mental tanto como la salud en general.

ACTIVIDADES

● **A** **Actividad cooperativa.** Trabajando en grupos de cuatro, preparen una lista de los alimentos que van a comer en los próximos días. Indiquen las vitaminas que contiene cada uno.

● **B** **Palabras.** En la lectura, busca una palabra relacionada con cada una de las siguientes.

1. la célula
2. crecer
3. la cicatriz
4. ver
5. funcionar
6. consumir
7. producir

Actividades

A Las respuestas pueden variar.

B **1.** celular; **2.** el crecimiento; **3.** la cicatrización; **4.** la vista; **5.** el funcionamiento; **6.** el consumo; **7.** la producción

Nuestro idioma

Vulgarismos e influencias del inglés

Ya hemos estudiado los regionalismos. Ahora vamos a hablar de vulgarismos. Los vulgarismos son cosas que decimos que no son correctas. En realidad, son errores y nos hacen aparecer incultos o no muy instruidos. Si cometemos vulgarismos cuando estamos en familia o con amigos íntimos, no es muy serio. Pero debemos tener la capacidad de saber corregirlos porque no los debemos usar en público.

A veces cometemos errores que surgen de la influencia del inglés. Es algo normal porque vivimos donde se oye mucho inglés también. Pero debemos evitar palabras que son en realidad palabras inglesas "españolizadas".

Debemos evitarlas porque nadie en España, México, Puerto Rico o cualquier parte de Latinoamérica las comprendería.

Abajo tienes ejemplos de algunos vulgarismos y algunas influencias inglesas que se oyen con frecuencia.

VULGARISMO	CORRECTO
Voy pa mi casa.	Voy para mi casa.
Le hablé a todos.	Les hablé a todos.
Hablábanos juntos.	Hablábamos juntos.
No lo podía dicir.	No lo podía decir.
Hablastes mucho.	Hablaste mucho.
Habían dos.	Había dos.
Tienes que baquiar.	Tienes que ir para atrás.
¿Dónde está tu troca?	¿Dónde está tu camión?
Necesito gasolín.	Necesito gasolina.
¿Tienes un daime?	¿Tienes diez centavos?

ACTIVIDADES

● **A** Corrige los siguientes vulgarismos. A la derecha verás la versión correcta. Cúbrela mientras hagas el ejercicio.

1. Esta troca no anda.	1. Este camión no anda.
2. ¿Me ayudas a pushar la troca?	2. ¿Me ayudas a empujar el camión?
3. ¿Ónde está la pompa de gasolín?	3. ¿Dónde está la bomba de gasolina?
4. Lo van a inspectar.	4. Lo van a inspeccionar.
5. Voy a escuela alta.	5. Voy a la escuela secundaria (superior).
6. Favor de sainar aquí.	6. Favor de firmar aquí.
7. Aquí no hay chanza.	7. Aquí no hay oportunidad.
8. Me gusta el Crismas.	8. Me gusta la Navidad.
9. Está en el arme.	9. Está en el ejército.
10. ¿Quieres más greve?	10. ¿Quieres más salsa?
11. Como lonche en la escuela.	11. Como el almuerzo en la escuela.
12. No me gusta esta rula.	12. No me gusta esta regla.

Nuestra Cultura

Alimentos

Ya hemos aprendido que en la lengua española hay muchas variaciones que se llaman regionalismos. Los nombres que se les da a los comestibles varían mucho. Al leer esta lista de comestibles, determina cuál es la palabra que tú emplearías. ¿Hay algunas palabras que no has oído nunca? Puede ser, pero todas estas palabras son regionalismos aceptados.

- judías verdes, habichuelas tiernas, chauchas, vainitas, ejotes, porotos verdes
- calabaza, alcoyota, zapallo
- puerco, cerdo, marrano, chancho, lechón, cochinillo
- mantequilla, manteca, mantecado
- jugo de naranja, jugo de china, zumo de naranja
- remolacha, betabel, betarraga
- alcachofa, alcaucil, cotufa
- maíz, elote, choclo
- guachinango, huachinango, chillo, pargo

Aquí hay otras que tienen menos variaciones:

- toronja, pomelo
- melocotón, durazno
- espinacas, acelgas
- guisantes, chícharos
- col, repollo
- cacahuate, cacahuete, maní

UNA FONDA, GUADALAJARA, MÉXICO

Platos regionales

Vamos a divertirnos. Como los países de habla española se extienden desde Europa hasta el cono sur del continente sudamericano, hay en el mundo hispano variaciones climatológicas enormes. Por consiguiente hay productos muy diferentes porque lo que se puede cultivar o criar en la región influye lo que come la gente de la región. ¿Has probado alguno de los siguientes platillos?

- tacos o chiles rellenos
- tostones o fufú
- mole o guacamole
- pastel de choclo o churrasco
- erizos o cebiche
- mofongo o empanadas
- ropa vieja o piononos
- paella o anticuchos
- asopao o fabada
- chupe de mariscos o arepas

Actividades

A Actividad cooperativa. Trabajando en grupos pequeños, preparen el menú para una buena comida étnica que a los miembros de tu grupo cultural les gustaría mucho.

B Una receta. Escoge uno de los platos de la actividad A y prepara su receta.

Actividades A y B
Las respuestas pueden variar.

NUESTRA LITERATURA

EL CUERVO Y EL ZORRO
de Félix de Samaniego

INTRODUCCIÓN **Fábula:** *Relato, cuento o apólogo generalmente en verso que oculta una enseñanza moral bajo el velo de la ficción.*

Ésta es la definición de fábula que se encuentra en el diccionario. Y en la literatura española hay dos fabulistas conocidos: Félix de Samaniego (1745–1801) y Tomás de Iriarte (1750–1791).

Vamos a leer una fábula de Samaniego. Samaniego estudió la obra de los maestros universales del género, los fabulistas Fedro, Esopo y La Fontaine. En sus *Fábulas morales*, escritas para los alumnos del seminario de Vergara, Samaniego ridiculiza los defectos humanos.

Al leer la fábula "El cuervo y el zorro", se verá lo que hará uno para tener algo para comer. Al leer la fábula, decide el defecto que está ridiculizando el autor.

FÉLIX DE SAMANIEGO

El cuervo y el zorro

Haga que uno o más estudiantes lean el poema en voz alta.

Preguntas de comprensión
1. ¿Dónde estaba el cuervo? 2. ¿Cómo estaba? 3. ¿Qué tenia en el pico?
4. ¿Qué le atrajo al zorro? 5. ¿Con quién empezó a hablar el zorro? 6. ¿Cuáles son los complementos que le dio?

En la rama de un árbol
bien ufano y contento
con un queso en el pico
estaba el señor cuervo.

Del olor atraído
un zorro muy maestro,
le dijo estas palabras,
a poco más o menos:

"Tenga Usted buenos días,
Señor cuervo, mi dueño;
vaya que estáis donoso,
mono, lindo en extremo;
y digo lo que siento;

que si a tu bella traza
corresponde el gorjeo,
juro a la diosa Ceres,
siendo testigo el cielo,
que tú serás el fénix
de sus vastos imperios".

Al oír un discurso
tan dulce y halagüeño
de vanidad llevado,
quiso cantar el cuervo.

Abrió su negro pico,
dejó caer el queso;
el muy astuto zorro,
después de haberlo preso,
le dijo: "Señor, bobo,
pues sin otro alimento,
quedáis con alabanzas
tan hinchado y repleto,
digerid las lisonjas
mientras yo como el queso".

Quien oye a aduladores,
nunca espere otro premio.

Es posible que los estudiantes no conozcan las siguientes palabras: la traza—apariencia de una persona; el gorjeo—quiebro que se hace con la voz al cantar; el fénix—parte más alta; halagüeño—adulador; alabanzas—elogios, adulación; lisonjas—alabanzas afectadas o exageradas.

ACTIVIDADES

Actividades

A 1. ufano; 2. muy maestro;
3. donoso; 4. lisonjas; 5. traza;
6. fénix; 7. dulce; 8. astuto; 9. bobo

B, C y D
Las respuestas pueden variar.

A Sinónimos. Busca un sinónimo de cada una de las siguientes palabras.

1. orgulloso
2. perfecto
3. gracioso
4. alabanzas
5. apariencia
6. la cumbre
7. agradable
8. listo
9. tonto

B Una palabra. ¿Sabes el significado de la palabra "adular"? Sí no, búscalo en el diccionario. Luego utilízala en una oración.

C Análisis. Contesta.

1. ¿Cuál es la moraleja (lección moral) de esta fábula?
2. ¿Cuál es el defecto humano que Samaniego está ridiculizando?

D Vosotros. En esta fábula, hay verbos en la forma de *vosotros* que se usa en España. Escríbelos.

NUESTRA CREATIVIDAD

PLATOS TÍPICOS DEL CARIBE

UN MERCADO, GUATEMALA

ACTIVIDADES

Actividades A, B, C y D
Las respuestas pueden variar.

● **A Gustos.** Prepara una lista de todos los comestibles que a ti te gustan mucho. Luego, sepáralos en dos grupos—los que son buenos para la salud y los que no tienen mucho valor nutritivo.

● **B Actividad cooperativa.** Trabajando en grupos de tres, preparen una lista de comidas étnicas que a Uds. les gustan que no se mencionan en esta lección. Luego, escriban una descripción corta de cada una.

● **C Errores.** A veces cuando hablamos o escribimos, cometemos errores y la verdad es que sabemos que los estamos cometiendo. ¿Hay errores que tú cometes de vez en cuando que reconoces como errores? ¿Cuáles son?

● **D Investigaciones.** Prepara una biografía de uno de estos tres fabulistas de fama mundial: Fedro, Esopo o La Fontaine.

NUESTRAS DIVERSIONES

Lee esta receta para el pollo jalapeño. Esta receta apareció en la revista *Buenhogar.*

POLLO JALAPEÑO

Aproximadamente 2¼ horas antes de servir:

1. En un recipiente chico, combine el zumo de limón, el ajo y el ají jalapeño. Esparza esta mezcla sobre las presas de pollo. Déjelas 2 horas en el refrigerador para que se mezclen bien los sabores.

2. En una sartén de 25 cm (10"), a fuego entre medio y alto, en aceite caliente, sofría el pollo, aproximadamente 5 minutos, hasta que se haya dorado ligeramente por todos los lados. Retírelo de la sartén. Reserve.

3. A los líquidos que han quedado en la sartén, añádale el vinagre. Revuelva para desprender las partículas sólidas que se adhieran a la sartén. Agregue, entonces, los tomates enlatados con su líquido y todos los ingredientes restantes (excepto los de adornar), revolviendo bien para que los tomates se abran. Lleve este guiso al punto de hervir. Devuelva ahora las presas de pollo a la sartén y siga cocinando, con la sartén parcialmente tapada, de 15 a 20 minutos más, hasta que el pollo se note blando cuando lo pinche con un tenedor y la salsa se haya reducido un poco. Si lo desea, puede adornar con perejil y ají jalapeño. Rinde para 4 personas con, aproximadamente, 195 calorías por cada ración.

2 cdas de zumo de limón
2 dientes grandes de ajo
1 pimiento jalapeño (ají picante), desechadas las semillas y bien picadito
2 pechugas de pollo, medianas, sin la piel y cortadas en mitades
1 cda de aceite de oliva
¼ taza de vinagre de vino tinto

1 lata de ½ Kg (1 lb) de tomates (jitomate) enteros
¼ taza de cebollas bien picaditas
1 cda de pasta de tomate (jitomates)
¼ cdta de sal
  Unas pocas gotas de salsa picante.
  Ají jalapeño, para adornar (opcional)

16

Nuestro conocimiento académico

La ecología y el medio ambiente

El problema de la contaminación del medio ambiente ha dado lugar al movimiento ecologista. El término "ecología", el equilibrio entre los seres vivientes y la naturaleza, ha llegado a ser sinónimo de supervivencia para muchos seres humanos.

La contaminación del aire

La contaminación de todos tipos es la plaga de nuestros tiempos. Buques petroleros derraman quién sabe cuántos litros de petróleo cada año en nuestros mares y océanos. El aire que respiramos está contaminado, mayormente por las emisiones de gases de los tubos de escape de los automóviles y camiones y de las fábricas que

CONTAMINACIÓN DEL AIRE, COLOMBIA

Las palabras más importantes de esta lectura son la ecología, el medio ambiente, el movimiento ecologista, la contaminación, los contaminantes, la supervivencia, derramar, emisiones de gases tóxicos, sustancias químicas (tóxicas), los desechos y el reciclaje.

queman sustancias químicas. Es la responsabilidad de todos evitar que se expulsen al aire sustancias tóxicas.

La contaminación del agua

Los ríos son las venas de una gran parte de la humanidad y desgraciadamente muchos de ellos están tan contaminados que son portadores de enfermedades. En las zonas industriales, sobre todo en el este de Europa, la situación es catastrófica. Los desechos industriales que las fábricas echan en las aguas cercanas son casi imposibles de eliminar. A estos se añaden los desechos que están enterrados y que son transportados por las corrientes de agua subterráneas o los que simplemente vuelven a la superficie para contaminar la tierra. Siempre volvemos al mismo problema, el de los desechos y la manera de deshacernos de ellos. Hoy en día hay grandes campañas de reciclaje. El reciclaje consiste en recoger los desechos (papel, vidrio, hierro) para transformarlos y poder utilizarlos de nuevo.

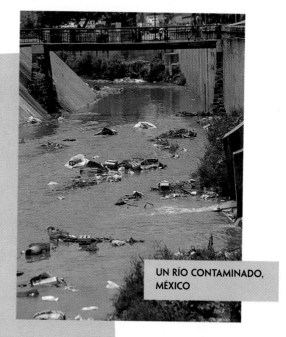

UN RÍO CONTAMINADO, MÉXICO

Como dijo uno de nuestros astronautas, el coronel Jon E. Blaha, "El planeta Tierra es un lugar absolutamente bello. Uno se da cuenta cuando lo ve desde aquí arriba. Ciertamente necesitamos cuidarlo".

ACTIVIDADES

A Contaminantes. Prepara una lista de las cosas que causan la contaminación de nuestro medio ambiente.

B Estudio de palabras. Estudia las siguientes palabras relacionadas. Escoge cinco de estas palabras y úsalas en oraciones.
1. contaminar, la contaminación, el contaminante
2. derramar, el derrame
3. respirar, la respiración
4. emitir, la emisión
5. escapar, el escape
6. quemar, la quema, la quemadura

C Comprensión. Contesta las siguientes preguntas.
1. ¿Qué ha dado lugar al movimiento ecologista?
2. ¿Cuál es la definición de la palabra "ecología"?
3. ¿Qué hacen los buques petroleros?
4. ¿Qué contamina el aire?
5. ¿Qué contamina los ríos?
6. ¿Cuál es el problema básico que crea la contaminación?
7. ¿Por qué es importante el reciclaje?

Nuestro idioma

Palabras homófonas

Ya sabemos que las palabras homófonas son palabras que suenan igual pero tienen significados distintos y no se escriben de la misma manera. Observa las siguientes.

Vamos a votar en las elecciones.
Vamos a botar la basura.

Las palabras *votar* y *botar* son palabras homófonas.

Ortografía

Cuando escribimos, debemos tener mucho cuidado de no omitir letras. Estudia las siguientes palabras.

FORMA INCORRECTA	FORMA CORRECTA
aua	agua
aquea	aquella
cencia	ciencia
pacencia	paciencia
comigo	conmigo
istrumento	instrumento

Y a veces añadimos letras. Estudia las siguientes palabras.

FORMA INCORRECTA	FORMA CORRECTA
cayer	caer
viejez	vejez

ACTIVIDADES

Actividad A
1. calló, cayó; 2. halla, haya; 3. hola, ola; 4. valla, vaya; 5. honda, onda; 6. poyo, pollo

● **A** Escoge la palabra apropiada.

1. calló, cayó
   Él se _____ y no dijo nada más.
   Él se _____ y no pudo levantarse.
2. halla, haya
   Él siempre _____ las cositas que yo pierdo.
   Es posible que él te las _____ devuelto.
3. ola, hola
   Me dijo "_____".
   ¡Cuidado! Aquí viene una _____ grande.
4. valla, vaya
   Hay una _____ alrededor de la casa.
   No quiero que él _____.

5. onda, honda
   La olla está muy _____ .
   Tiene una radio de _____ corta.
6. pollo, poyo
   ¿Por qué no te sientas en el _____ ?
   ¿Te gusta comer _____ ?

B Vas a ser redactor(a). Corrige los errores que hay en cada oración.
Las formas correctas aparecen abajo.

1. Va pa' llá.   6. Tiene doreales.
2. ¿Ónde stá?   7. La mujere son bonita.
3. Ay stá.   8. Croque sí.
4. Ase frío en ivierno.   9. ¿Pa qué?
5. El soldao va comigo.   10. Va aser el trabajo.

Aquí tienes las oraciones correctas.

1. Va para allá.   6. Tiene dos reales.
2. ¿Dónde está?   7. Las mujeres son bonitas.
3. Allí está.   8. Creo que sí.
4. Hace frío en invierno.   9. ¿Para qué?
5. El soldado va conmigo.   10. Va a hacer el trabajo.

C Corrige las siguientes oraciones.

1. La dentista no me va creyir.
2. ¿Vas a trayer las cirgüelas?

Aquí tienes las oraciones correctas.

1. La dentista no me va a creer.
2. ¿Vas a traer las ciruelas?

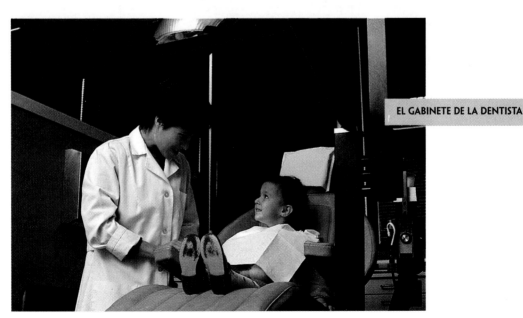

EL GABINETE DE LA DENTISTA

NUESTRA CULTURA

UNA LEYENDA MEXICANO-AMERICANA

Hágales a los estudiantes preguntas de comprensión al leer esta leyenda.

Aquí tienes una leyenda que es muy conocida en el sudoeste de los Estados Unidos.

Marina la Malinche

Hace cientos de años vivía una jovencita llamada Marina la Malinche. Ella era hija de un gran guerrero indio y se cree que era princesa. Su niñez fue muy feliz y llena de gozo. Su padre, hombre muy sabio, era amado de todo el pueblo. Toda su sabiduría y su habilidad se las pasó a su querida hija, Marina. La jovencita era muy lista y siempre trataba de complacer a su padre, a quien respetaba mucho.

El paraíso de Marina pronto se derrumbó. Su padre murió y su madre escogió a otro hombre con quien casarse. El padrastro vendió a la jovencita al gran líder azteca, Moctezuma. Los aztecas habían desarrollado una gran civilización en el centro del Valle de México, en lo que hoy día es la Ciudad de México. Durante siglos los aztecas habían creído que un dios rubio de cutis blanco vendría a vivir entre ellos.

Durante ese tiempo, los españoles del continente europeo andaban en busca de tesoros, riquezas y pueblos que conquistar. El líder de estos hombres se llamaba Hernán Cortés. Se le conocía por dondequiera por su pelo rubio y su piel blanca. Muy pocos de los soldados españoles gozaban de la lealtad de sus hombres como Cortés.

Los jefes españoles aprobaron a Cortés para que saliera en busca de riquezas y tierras. Le dieron un pequeño ejército, algunos barcos y provisiones. Navegaron por meses y al fin llegaron a las costas de lo que ahora llamamos México. Caminaron hasta el interior de esas tierras desconocidas, siempre en busca de grandes tesoros que se creía existían en aquellos lugares. Después de muchas jornadas azarosas, al fin llegaron a Tenochtitlán, el nombre azteca de su gran ciudad.

Los aztecas vieron a los españoles montados en sus caballos y creyeron que eran dioses, como decía la leyenda. A Cortés,

HERNÁN CORTÉS Y MARINA LA MALINCHE

MOCTEZUMA

con su pelo rubio y su cutis blanco, lo tomaron por el dios especial que habían esperado ya por siglos. Por consiguiente les abrieron las puertas de la ciudad a los dioses y trataron de complacerlos lo mejor que pudieron.

Un día, Cortés tuvo dificultad en hacerse entender por una tribu de indios que hablaban una lengua diferente a la que hablaban los indios de Tenochtitlán, y ya se impacientaba cuando Moctezuma, que no quería disgustar a su dios, llamó a Marina, una de sus intérpretes, para que ayudara a Cortés. El conquistador quedó muy impresionado con la belleza y la habilidad lingüística de Marina. La Malinche pronto resultó ser indispensable como intérprete y consejera de Cortés. Ya no era simplemente otra niña más, ahora era una joven muy importante con relaciones directas con los dioses rubios.

Marina la Malinche, creyendo equivocadamente que ayudaba a sus propios dioses, jugó un papel importantísimo en la eventual conquista de los aztecas por los españoles. Moctezuma fue ejecutado por Cortés. Los indios fueron obligados a trabajar en las minas como esclavos.

Después de la conquista, Cortés, al parecer, ya no necesitaba a Marina y la casó con uno de sus soldados. Hasta sus últimos días, Marina nunca quiso creer que su amado "dios" la había usado para su propio provecho. Tenía el corazón destrozado y no quería vivir sin Cortés. Pasó sus últimos días llorando amargamente por su amado Cortés. Siguió buscándole y nunca abandonó la esperanza de que su querido "dios" la volvería a necesitar algún día. Juntos, serían un solo ser que nunca volverían a separarse. Cortés murió en 1547.

En varias partes del mundo, especialmente en México, la gente recuerda a Marina la Malinche como la india que traicionó a su propio pueblo en favor de los españoles. También se cree que la historia de sus tristes días al final de su vida dio origen a la leyenda de La Llorona.

ACTIVIDADES

A Comprensión. Contesta las siguientes preguntas.
1. ¿Cómo se llamaba la jovencita?
2. ¿Cómo y por qué se derrumbó el paraíso de Marina?
3. ¿Qué hizo su padrastro?
4. ¿Por qué creían los aztecas que los españoles eran dioses?
5. ¿Cómo ayudó Marina a Moctezuma?
6. ¿Sabía Marina a quiénes estaba ayudando?
7. ¿Con quién se casó Marina?
8. ¿Por qué tenía el corazón destrozado?

B Descripciones. Describe a los siguientes personajes.
1. Marina la Malinche
2. el padre de Marina
3. Hernán Cortés

C Análisis. ¿A qué se refiere el paraíso en el segundo párrafo de la leyenda?

D Aprendiendo más. Lee la leyenda famosa de "La Llorona".
Ya hace mucho tiempo que vive en México un virrey español. Tiene un hijo joven y guapo. Lo va a casar con la hija de un

duque. Pero el joven no quiere casarse con la hija del duque. Él está enamorado de otra que vive en un pueblo cercano.

El hijo le ruega a su padre que le deje casarse con la muchacha que tanto quiere. Pero su padre prohíbe el matrimonio aunque la

LA LLORONA

muchacha ya está embarazada. El padre insiste en que su hijo se case con una noble. Pero los novios siguen viéndose después del nacimiento de su hijo. Se quieren mucho y un año más tarde la muchacha da a luz a una hija. La gente del pueblo empieza a hablar mal de la muchacha. La pobre joven está muy avergonzada. Se pone muy triste y se esconde en casa porque no quiere ver a nadie.

El hijo del virrey va a su padre y le cuenta del nacimiento de su hija. Una vez más le pide permiso para casarse con la madre de sus hijos. Pero el padre rehúsa. Repite que tiene que casarse con una noble, la hija del duque. Si no se casa con ella, tendrá que salir de casa e ir en busca de trabajo. Como el hijo nunca ha trabajado y no sabe ganarse el pan de cada día, se rinde. Se casará con la hija del duque y ellos adoptarán a sus hijos y pondrán a la madre en un convento.

Va a la casa de la madre de sus hijos para decirle lo que va a hacer. La pobre se pone histérica. El joven no la quiere ver en tal estado de tristeza y agonía. La deja a solas y regresa a su palacio.

El virrey quiere ver a los niños de su hijo. Sus soldados salen a buscarlos. Encuentran a la madre desconsolada a la orilla de un río. La pobre está llorando y tiene una mirada vaga y misteriosa. Allá a su lado yacen en el río los cuerpecitos de sus hijos. Los soldados, llenos de horror, llevan a la madre a la cárcel.

Las autoridades presentan a la pobre y desconsolada madre al pueblo. Los vecinos la acusan de ser bruja. La llevan a una pira donde ponen leña a sus pies y la queman. Antes de morir la joven llora por sus hijos. Su llanto continúa durante toda la noche. Continúa aún después de su muerte. Las llamas de la pira se convierten en una luz brillante. La luz tiene la forma de una muchacha. Por fin la luz desaparece pero de pronto reaparece en el palacio donde están el virrey y su hijo, el padre de los niños. En seguida el palacio arde en llamas. Le salen llamas tan altas y feroces que no puede escapar nadie. El virrey y su hijo mueren, pero no muere el llanto de la muchacha. El llanto continúa. La gente del pueblo no sale de casa por el miedo que tienen de ver a la Llorona.

Desde aquel entonces, la Llorona viaja por el mundo en busca de sus hijos queridos. Se dice que el que encuentre a la Llorona muere si no encuentra también a sus hijos. Hasta que vea a sus hijos, la Llorona no descansará.

COPLAS
de Jorge Manrique

INTRODUCCIÓN No hay nada más tranquilizante que unos momentos a solas en silencio total a las orillas de un río de aguas claras. Se puede meditar y pensar en muchas cosas, como hizo el poeta español Jorge Manrique ya hace unos cinco siglos. Cuando murió su padre, Jorge Manrique compuso sus "Coplas". En ellas compara nuestras vidas con los ríos. A ver lo que dice.

Coplas por la muerte de su padre

Nuestras vidas son los ríos
que van a dar a la mar
   que es el morir;

allí van los señoríos
derechos a se acabar
   y consumir;

allí los ríos caudales,
allí los otros medianos
   y más chicos

allegados son iguales
los que viven por sus manos
   y los ricos.

Este mundo es el camino
para el otro que es morada
   sin pensar;

mas cumple tener buen tino
para andar esta jornada
   sin errar.

Partimos cuando nacemos
andamos mientras vivimos,
   y llegamos

al tiempo que fenecemos
así que cuando morimos
   descansamos.

Arte Haga que los estudiantes dibujen un cuadro de la escena que crea el poeta.

JORGE MANRIQUE

ACTIVIDADES

Actividades

A **1.** los ríos; **2.** el morir (la eternidad); **3.** grandes, medianos, pequeños; **4.** iguales (los mismos); **5.** los ricos; **6.** los pobres

B **1.** el camino para el otro mundo; **2.** la muerte, la eternidad; **3.** es un lugar de descanso, una morada sin pensar; **4.** cuando nacemos, cuando morimos

PEDRO CALDERÓN DE LA BARCA

C, D y E
Las respuestas pueden variar.

● **A** **Comprensión.** Completa las siguientes oraciones.

1. El poeta compara nuestras vidas con _____.
2. Para el poeta el mar simboliza _____.
3. Los ríos _____, _____ y _____, todos llegan al mar.
4. Al llegar al mar los ríos de todos los tamaños son _____.
5. El poeta compara los ríos grandes o caudales con _____.
6. Y compara los ríos pequeños con _____.

● **B** **Comprensión.** Contesta las siguientes preguntas.

1. Para el poeta, ¿qué es el mundo?
2. Y el otro mundo, ¿qué es?
3. ¿Cómo es el otro mundo?
4. ¿Cuándo empieza el viaje al otro mundo? ¿Y cuándo termina?

● **C** **Análisis.** ¿Cómo dice el poeta que en la muerte no hay ninguna diferencia entre el rico y el pobre?

● **D** **Aprendiendo más.** Aquí tienes el soliloquio célebre de la obra teatral "La vida es sueño" del gran dramaturgo español del siglo XVII, Pedro Calderón de la Barca. Para él, ¿qué es la vida?

LA VIDA ES SUEÑO

¿Qué es la vida? Un frenesí.
¿Qué es la vida? Una ilusión,
una sombra, una ficción,
y el mayor bien es pequeño;
que toda la vida es sueño,
y los sueños, sueños son.

● **E** **Aprendiendo más.** El tema de la vida y la muerte aparece mucho en las letras hispánicas. Aquí tienes otro poema de Manuel González Prada que toca el mismo tema. Compara las ideas de González Prada con las de Jorge Manrique y Calderón de la Barca.

TRIOLET

Desde el instante del nacer,
    soñamos;
y sólo despertamos, si morimos.
Entre visiones y fantasmas vamos;
desde el instante de nacer
    soñamos.
El bien seguro, por el mal
dejamos; y hambrientos de vivir, jamás
    vivimos;
desde el instante del nacer,
    soñamos;
y sólo despertamos, si morimos.

NUESTRA CREATIVIDAD

EL MEDIO AMBIENTE EN PELIGRO, VENEZUELA

UNA MANIFESTACIÓN ECOLÓGICA, MADRID

ACTIVIDADES

Actividades

A, B y C
Las respuestas pueden variar.

B Esta actividad es un ejemplo de una de las cinco "C" de los nuevos "Standards in Foreign Language Education"–Comunidades.

A Actividad cooperativa. Trabajando en grupos de tres, preparen una lista de problemas ecológicos que existen cerca de donde Uds. viven.

B Actividad cooperativa. Tomen la lista que han preparado para la actividad A y averigüen si la comunidad o el gobierno municipal o estatal está haciendo algo para resolver estos problemas ecológicos. ¿Qué están haciendo?

Si hay un problema que Uds. han identificado y saben que no se está haciendo nada para resolverlo, escriban una carta a las autoridades apropiadas informándoles del problema y sugiriéndoles lo que pueden y deben hacer para resolverlo o solucionarlo.

C Una leyenda. Piensa en una leyenda que has oído de tus abuelitos o padres. Cuéntala a la clase.

Nuestras Diversiones

Mira las fotos y lee este artículo sobre el vuelo en papalotes. Este artículo apareció recientemente en la revista *Tú*. ¿Crees que a ti te gustaría tomar un vuelo?

¡A volar

Para hacer este reportaje, nos lanzamos el fin de semana a Valle de Bravo, con unos chavos que son verdaderos expertos en la materia: José Corral, Carlos Ramírez, y Rudy Gotes. Todos tienen varios años volando en Valle, y nos platicaron en qué consiste la aventura.

La mayoría de las personas se imagina que volar en papalotes es un deporte súper peligroso, por las alturas que se pueden alcanzar; pero, ¡alégrate!, desde el papalote hasta el equipo de protección son de lo más seguro, por lo que es muy raro tener un accidente. Además es una experiencia increíble, porque como no llevas motor, te sientes como un ave. La vista

Desde hace algunos años, en México, se ha practicado el vuelo en papalotes tripulados y paracaídas impulsados por la fuerza del viento. Esta experiencia, además de que implica vencer un reto enorme en cuanto a las leyes de la naturaleza, es un deporte de grandes alturas, lleno de emoción e increíbles aventuras.

se ha dicho!

que tienes desde arriba, es padrísima; asimismo, la sensación de libertad y tranquilidad que experimentas es algo tan especial que difícilmente la puedes encontrar en algún otro deporte. ¡Ah!, y lo mejor de todo es que no se necesita una excelente condición física ni ser el mejor del mundo para divertirte.

El equipo

Consiste en un armazón de metal muy ligero (por lo general, de aluminio) que extiende una vela, a la cual se le conoce como papalote. No es necesario ningún tipo de motor, ya que el vuelo está sujeto a las condiciones del viento. Lo que sí es indispensable es llevar el equipo de protección: casco, paracaídas, botas y ropa térmica, además de algunos instrumentos básicos de aviación: brújula para orientarte, barómetro y altímetro que te indiquen tu altura sobre el nivel del mar, un velocímetro; un radio para dar tu posición, y para cuando vuelas muy alto, necesitas oxígeno. Tú vas en un arnés, que es una especie de saco que se cuelga en el centro de gravedad del papalote para equilibrar el peso; enfrente, tienes un triángulo, que es la barra de control.

Los pasos para volar

El despegue es de lo más sencillo; lo único que tienes que hacer, es cargar el papalote, apoyarlo sobre tus hombros, correr hasta donde se termina la pista (o la barranca, según el lugar donde estés), y luego, el viento te jala para arriba. Una vez que estás volando, acomodas los pies en el arnés y subes el cierre para que quedes bien seguro.

Cuando vuelas, vas muy relajado, porque tu peso está en el arnés y no tienes que hacer gran fuerza. El control del papalote lo manejas con el peso del cuerpo, y en especial, con las piernas y caderas. Si mueves tus piernas a la izquierda, te vas de ese lado, y si quieres dar vuelta a la derecha, mueves tus piernas en esa dirección; para bajar, te haces hacia adelante, y para frenar, hacia atrás. La teoría de vuelo es muy simple; sólo necesitas mucha práctica.

Para despegar, es básico que haya viento de frente, ya que si viene de atrás, es muy difícil de controlar, porque entras con más velocidad. Y si estas condiciones te tocan a la hora de aterrizar, el viento se te viene tan rápido, que no le puedes ganar carrera y te toca suelo seguro. Según los expertos, es muy raro que pase esto, y más, en Valle. Suponiendo que al aterrizar, te toque suelo, el susto no va más allá de un buen panzazo, porque el papalote te protege al irse contra el piso; tú, como vas colgando en arnés, no te lastimas, a menos de que te sostengas de los extremos superiores de la barra de control.

Si te late aprender este deporte, en Valle de Bravo, hay una escuela donde te dan el entrenamiento necesario para volar. Puedes pedir informes en México, con Rudy Gotes, al teléfono 562 30 92.

¡A volar se ha dicho!